94 1 20,–

ARTEMIS – BIBLIOTHEK

14

Eine Liebesgeschichte

Von Enea Silvio Piccolomini,
nachmaligem Papst Pius II.

Artemis Verlag Zürich
und München

DIE NOVELLE «EURYALUS UND LUCRETIA»
IN DER ÜBERTRAGUNG VON MAX MELL ENT-
STAMMT DEM BAND: ENEA SILVIO PICCOLOMINI: BRIEFE /
DICHTUNGEN (© 1966 WINKLER VERLAG, MÜNCHEN)
EINBANDMOTIV: NIKLAUS MANUEL DEUTSCH (1484–1530):
DAS URTEIL DES PARIS (AUSSCHNITT). ILLUSTRATIO-
NEN IM TEXT: ZEITGENÖSSISCHE HOLZSCHNITTE
GESTALTUNG: PETER RÜFENACHT, ARTEMIS

PRINTED IN GERMANY
ISBN 3 7608 0644 9

ES IST ALLGEMEIN BEKANNT, welche hohen Ehren unsere Vaterstadt Siena dem Kaiser Sigismund bei seinem Besuch erwiesen hat. Man hatte ihm einen Palast bei der Kapelle der heiligen Martha, an der Straße, die zur Porta Tufi führt, zur Verfügung gestellt, und als Sigismund nach dem feierlichen Empfang hierher kam, begegneten ihm vier Damen von Stande, alle von gleicher Vornehmheit und Schönheit, so daß man sie eher für Göttinnen als für Sterbliche ansprechen konnte; und wären es nur drei gewesen, so hätte man an die denken müssen, die in der Sage dem Paris erschienen. Sigismund war damals schon bei Jahren, aber dennoch für weibliche Reize nicht unempfindlich, plauderte gerne mit Damen, hatte Freude an ihrer Liebenswürdigkeit und erquickte sich am Anblick ihrer Schönheit. Als er diese nun sah, schwang er sich vom Pferde und war schon mitten unter ihnen. «Habt ihr jemals Frauen gesehen, die diesen bloß ähnlich waren?» fragte er seine Begleiter. «Ich bin im Zweifel, ob dies menschliche Züge sind: nein, das sind engelhafte, einfach himmlische Gesichter!» Jene senkten züchtig die Augen zu Boden und waren so noch schöner. Denn wie sich das Rot auf den Wangen verteilte, das war wie indisches Elfenbein, von Purpur dunkel gerötet, oder wie Rosen im Kranz die weißen Lilien überglühen. Unter ihnen aber strahlte am meisten die noch nicht zwanzigjährige Lucretia hervor: sie stammte aus der berühmten Familie des Camillus und war mit Menelaus, einem sehr reichen Mann, verheiratet, der es freilich nicht wert war, einen solchen Schatz im Hause zu haben, dem es vielmehr sehr recht geschah, wenn ihn seine Frau betrog und ihm, wie wir zu sagen pflegen, Hörner aufsetzte: wovon weiterhin die Rede sein wird. Sie war größer als die andern Frauen, hatte prachtvolles Haar, das lauter Goldfäden glich und das sie nicht nach Art der Mädchen aufgelöst trug, sondern in einem gold- und edelsteingeschmückten Nest; ih-

...begegneten ihm vier Damen von Stande, alle von gleicher Vornehmheit und Schönheit.

re Stirne war hoch und frei und faltenlos, ihre Brauen schön geschwungen, in entsprechender Entfernung voneinander, schwarz und nicht zu dicht. In ihren Augen gab es solchen Glanz, daß er einem wie die Sonne den Blick blenden konnte; sicher vermochte sie damit die zu töten, die sie wollte, und Tote nach Belieben ins Leben zurückzurufen. Ihre Nase war gerade und teilte gleichmäßig die blühenden Wangen. Es gab nichts Lieblicheres als diese Wangen und keinen reizenderen Anblick, als wenn sie lächelte und sich beiderseits kleine Grübchen zeigten: die hätte jeder gleich küssen mögen. Ihr Mund war klein und zierlich, die Lippen korallenfarbig, zum Küssen wie geschaffen, dann ganz kleine Zähne in regelmäßiger Reihe, wie aus Kristall, zwischen ihnen ein bewegliches Zünglein, ach, das sprach nicht, das machte Musik! Ja, und was soll ich von ihrem schönen Kinn, von ihrem weißen Halse sagen. Alles an diesem Körper verdiente gelobt zu werden, und das, was man sah, ließ einen ahnen, was verborgen war.

Niemand konnte diese Frau ansehen, ohne ihren Mann sofort zu beneiden. Auf ihrem Gesicht lachte die Lustigkeit. Sie konnte sprechen, wie vielleicht Cornelia, die Mutter der Gracchen, oder die Tochter des Hortensius sprechen mochte: ebenso liebenswürdig wie bescheiden. Sie glaubte nicht ihren guten Ruf mit einem finstern Gesicht anzeigen zu sollen wie so viele, sondern gab sich ebenso heiter wie zurückhaltend. Sie war nicht schüchtern, nicht ausgelassen, sondern war maßvoll und ruhig, hatte einen männlichen Sinn in weiblichem Herzen. Gekleidet war sie überaus reich; es fehlten nicht Halsketten noch Spangen, nicht Gürtel noch Armband. Prächtig war ihre Kopfbedeckung, Perlen und Diamanten trug sie an den Fingern und im Krönlein. Schöner kann Helena nicht gewesen sein, als Paris der Gastfreund des Menelaus war, nicht reicher geputzt Andromache bei ihrer Hochzeit mit Hektor. – Übrigens war eine von diesen vieren jene Catharina Petrucci, welche bald danach starb und deren

Begräbnis auch der Kaiser beiwohnte; ihren Sohn, so jung er war, schlug er noch vor der Leichenfeier zum Ritter. Diese Frau war schön und stattlich, aber hinter Lucretia stand sie zurück. Vor der neigte sich der Kaiser, neigten sich seine Begleiter und bewunderten sie. Und wohin sie ging, alle sahen ihr nach, und wie Orpheus mit dem Klang seiner Leier Wälder und Felsen ihm zu folgen zwang, so konnte sie die Leute hinbringen, wohin sie wollte, wenn man sie nur ansehen konnte.

EINEN ABER GAB ES UNter allen, der ihr ebenbürtig schien an Schönheit wie an Vornehmheit: das war der Franke Euryalus. Er war damals zweiunddreißig Jahre alt, nicht sehr groß, aber gut und kräftig gebaut, helläugig und nicht ohne eine gewisse Majestät im Auftreten. Und hatten die andern Herren wegen des langen Dienstes schon leere Taschen, so war er, von Haus aus vermögend und bei dem Kaiser, der ihn oft beschenkte, in hoher Gunst, instand gesetzt, sich in täglich größerem Prunk zu zeigen und über eine beträchtliche Zahl von Dienern zu verfügen. Bald trug er goldbestickte, bald purpurne, bald seidene Kleider. Seine Pferde waren so vorzüglich wie die, mit welchen in der Sage Memnon nach Troja kam. Nichts fehlte diesem Manne, jene wohlige Wärme im Gemüt, jene tiefe Erregung der Seele wachzurufen, welche man Liebe nennt – als die Muße hierzu. Seine Jugend, sein Überfluß an Glücksgütern und die Neigung, sie zu genießen, brachte ihn dennoch dahin. Und sowie er Lucretia gesehen hatte, begann er zu erglühen, hing an ihrem Anblick, konnte sie nicht genug ansehen. Und er liebte nicht vergeblich. Merkwürdig, es gab dort ja viele prächtige junge Männer, viele schöne Frauen; aber gerade diesen einen wählte sich Lucretia, gerade diese eine Euryalus. An jenem Tage freilich ahnte keines von beiden, daß es wiedergeliebt würde, sondern beide meinten unglücklich zu lieben.

NACH BEENDIGUNG DER Feierlichkeiten für den Kaiser und als sich die schöne Frau wieder zu Hause fand, begann es gleicherweise in beiden zu wühlen und zu lodern. Wie kann man noch die Geschichte von Pyramus und Thisbe für etwas Besonderes halten, die doch Nachbarn waren, einander gut kannten und sich immer mehr verlieben mußten. Diese zwei aber hatten sich nie gesehen, nie voneinander gehört. Er war ein Franke, sie eine Toskanerin, sie verstanden einander gar nicht, sondern die Augen hatten alles vermittelt, sie gefielen einander. Schon bemächtigte sich der Lucretia einzig dieser Gedanke; schon hüllte sie gänzlich dieses Feuer ein; schon vergaß sie ihre Ehre, verabscheute schon ihren Mann. Das Gift in ihrer Wunde fraß weiter, sie stellte sich den Euryalus vor und fand keine Ruhe. «Ich weiß nicht, wie das kommt», sprach sie zu sich selber, «aber mein Mann ist mir unerträglich. Seine Umarmung ist mir zuwider, seine Küsse sind mir ekelhaft, seine Redereien halt ich nicht aus. Und immer muß ich an den Fremden denken, der heute neben dem Kaiser stand. Die drängende Stimme, erstick sie im keuschen Busen! Elende, wenn du kannst. O könnt ich, ich wäre nicht so elend. Nimmt mich doch eine neue Gewalt hin. Anders rät mir die Liebe als die Vernunft. Ich weiß wohl das Gute und folge dennoch dem Bösen. Vornehme, adelige Frau, was kümmert dich dieser Fremde? Was liebst du einen Ausländer? Begehrst mit dem Fremden Hochzeit zu feiern? Ist dir dein Gatte verhaßt, kann doch auch dieses Land dir Liebe geben. Aber weh mir! Dieses Antlitz! Welche wäre nicht gerührt von seiner Schönheit, seiner Jugend, seiner edlen Herkunft, seiner Mannhaftigkeit? O mich, mich hat er tief in die Seele getroffen, und wenn er mir nicht hilft, so muß ich verzweifeln. Mögen die Götter alles zum Guten lenken! – Aber Himmel, ich will ja meine Ehre aufgeben, mich einem Fremden, ich weiß gar nicht wem, anvertrauen, der mich satt bekommen wird, mich verlassen wird, einer andern nachläuft und mich der Qual überläßt. Aber nein, so sieht er nicht aus; ich glaube, ich habe nicht Betrug zu fürchten von seinem adeligen Denken, seiner schönen Gestalt. Er vergäß nicht meine Liebe, schwören müßte er mir's; die Götter wären des Bundes Zeugen. Was fürcht ich noch, was sicher ist? Auf, ich will nicht zögern! Oh, ich bin schön genug, daß er mich ebenso begehren muß wie ich ihn! Er wird von mir nicht loskommen, wenn ich ihn einmal geküßt hab. Genug laufen mir nach, wohin ich geh; Anbeter belagern meine Tür; ich werde lieben! Und er wird entweder hier bleiben oder mich mitnehmen. Soll ich aber wirklich meinen Mann, meine Mutter, meine Heimat verlassen? Meine Mutter ist hart und gönnt mir keine Freude; auf meinen Mann verzicht ich gern; und meine Heimat ist dort, wo das Leben schön ist. Zwar meinen guten Ruf soll ich aufgeben? Aber was kümmert mich das Gerede der Leute, wenn ich es selber ohnedies nicht höre! Wer daran erst denkt, der wagt nichts, und viele andere haben getan wie ich, Helena ließ sich ganz gern von Paris rauben, und was soll ich von der Hadriana und der Medea sagen. Niemand kann einem einen Fehl verdenken, wenn man mit vielen andern fehlt.» – Dies die Gedanken Lucretias.

DIE GLUT IM HERZEN DES Euryalus aber war um nichts geringer. Zwischen dem kaiserlichen Palast und der Wohnung des Euryalus stand das Haus der Lucretia, und er konnte nicht zu Hofe gehen, ohne daß er sie am Fenster stehen sah, und sobald sie ihn erblickte, wurde sie rot, so daß der Kaiser bald um diese Liebe wußte. Denn bei seiner Gewohnheit, bald da-, bald dorthin zu reiten, kam er öfters bei ihr vorbei und bemerkte, daß die Dame die Farbe wechselte, sobald sie des Euryalus ansichtig wurde, welcher den Kaiser begleitete wie etwa Maecenas den Oktavian. So wandte er sich an ihn: «Siehst du,

Euryalus, wie diese Frau glüht? Sie liebt dich.» Und einmal, als sie am Haus der Lucretia wieder vorbeikamen, tat er, als beneidete er den Liebenden, zog ihm den Helm über die Augen und sagte: «Du sollst sie nicht sehen, die du liebst; ich allein will mich an diesem Anblick freuen.» «Ich verstehe Eure Majestät nicht», antwortete Euryalus, «ich hab nichts mit ihr. Aber vielleicht ist es nicht ganz vorsichtig von Eurer Majestät gewesen, das zu tun, denn wer das gesehen hat, wird jetzt Verdacht schöpfen.» Euryalus besaß ein kastanienbraunes Pferd, hoch trug es den Nacken, zierlich den Kopf, war gedrungenen Leibes und fleischigen Rückens; auch strotzte üppig von Muskeln die mutige Brust. Tönte von fernher Waffengeklirr, war es nicht mehr zu halten; es spitzte die Ohren, die Glieder erzitterten, aus den Nüstern hervor wälzte es schnaubend das Feuer. Seine Mähne war dicht und legte sich, geschüttelt, auf die rechte Schulter; und der Hufschlag höhlte den Boden und hallte laut auf mit gediegenem Horne. So

... und er konnte nicht zu Hofe gehen, ohne daß er sie am Fenster stehen sah.

erging es mit Lucretia beim Anblick des Euryalus; hatte sie, als sie allein war, beschlossen, sich besser dieser Liebe zu verschließen, so konnte sie, sobald sie seiner ansichtig wurde, nicht mehr an sich halten, sondern wie getrocknetes Heu, das in Brand gesteckt wird, aufglimmt, bläst nun noch der Wind hinein, erhebt sich die Flamme hoch und höher, so entbrannte diese unselige Lucretia. – Gewiß ist es ja so, wie es die Weisen darstellen: nur in den Hütten der Armen ist Reinheit zu Hause, nur Armut erhält ihr Herz unversehrt, in den Palästen wohnt nicht die Zucht. Im Glück wird man übermütig und unmäßig. Begierden, die schlimmen Begleiterinnen des Glücks, suchen die feinen Häuser, die edlen Familien heim. – Lucretia blickte also nach Euryalus aus, sooft er vorbeikam, konnte ihre Glut schon nicht mehr zurückhalten und dachte nach, wem sie sich anvertrauen könnte. Denn wer es verschweigt, den verzehrt es um so heftiger. Da war unter den Dienern ihres Mannes ein Deutscher namens Sosias, ein alter Mann und seinem Herrn, in dessen Dienst er schon lange stand, sehr ergeben. An ihn wendete sich die Liebende und vertraute nicht nur seiner Person, sondern noch mehr seiner Herkunft. Gefolgt von der Jünglinge großem Geleit, schritt der Kaiser durch die Stadt und am Haus der Lucretia vorbei, welche gleich den Sosias rief, sobald sie Euryalus bemerkte: «Hierher, Sosias, ich brauch dich ein wenig. Schau doch heraus. Gibt es irgendwo noch so prächtige Menschen? Schau, was sie alle für schönes Lockenhaar haben, wie groß, wie gut gebaut sie sind. Und wie schön gekräuselt das weiche Haar des Kaisers ist. Und was für Gesichter! Welcher milchweiße Nacken, und wie sie kühn aussehen. Solche Männer gibt's bei uns nicht. Die stammen von Göttern ab, sind vom Himmel herabgekommen. Ja, wenn mich das Schicksal einem solchen Mann gegeben hätte! Sähe ich's nicht selber, ich hätte es nie geglaubt, wenn du von ihnen erzähltest, und wenn es auch das Gerücht bestätigt hätte, daß die Germanen das trefflichste Volk sind. – Vielleicht kommt ihre weiße Hautfarbe von den Unbilden der nordischen Witterung ... Kennst du übrigens einige davon?» «Sehr viele», antwortete Sosias. «Etwa den Franken Euryalus?» fragte Lucretia. «So gut wie mich selber», sprach Sosias. «Aber warum fragst du?» «So will ich's dir sagen», fing Lucretia an, «denn du bist gut, du wirst es nicht weitersagen. – In der Umgebung des Kaisers gefällt mir keiner so sehr wie Euryalus. Und auf ihn hab ich's abgesehen. – Ich weiß nicht, was das für Flammen sind, in denen ich brenne! Ich kann ihn nicht vergessen. Ich find keinen Frieden, wenn er nicht von mir weiß. Ich bitte dich, Sosias, geh, such den Euryalus und sag, daß ich ihn liebe. Das ist alles, was ich von dir will. Du sollst die Botschaft nicht umsonst überbringen!» «Was höre ich!» rief Sosias aus. «So etwas Schlechtes soll ich tun, ja bloß denken, Herrin? Meinen Herrn verraten soll ich? Als alter Mann soll ich zum Schurken werden und war mein' Zeit

«Was höre ich!» rief Sosias aus. «So etwas Schlechtes soll ich tun, ja denken, Herrin!»

anständig? Du, eine vornehme Frau in unserer Stadt, du mußt aus deinem keuschen Busen diese verbrecherische Glut verbannen, nicht so gefährlichen Gedanken nachhängen. Tritt dieses Feuer aus! Nicht gar so schwer ist die Liebe zu unterdrücken, wenn man es nur nicht anstehn läßt! Und wer schwelgerisch das freilich süße Weh nährt, der liefert sich einem Tyrannen aus, dessen Joch er auch dann, wenn er will, nicht mehr abwerfen kann. Wie, wenn es der Gatte erfährt? Mein Gott, wie würde er dich strafen! Oh, und Liebe läßt sich nicht lang verstecken.» «Schweig», entgegnete Lucretia, «ich hab keine Angst. Denn wer den Tod nicht fürchtet, der fürchtet nichts. Was für ein Ende es immer nimmt, ich tu es.» «Wohin bist du Unglückliche geraten!» jammerte Sosias. «Du entehrst dein Haus! Nie hat jemand aus deiner Familie die Ehe gebrochen. Meinst du, daß es verborgen bleibt? Tausend Augen bewachen dich, deine Mutter wird es merken, dein Gatte, alle deine Verwandten, selbst die Mägde. Und schweigt das

Gesinde, die Haustiere werden davon reden, die Hunde, die Türen, die steinernen Wände werden dich anklagen. Und ließe sich alles verheimlichen, vor ihm, der alles sieht, kannst du es nicht verbergen, vor Gott. Gewissensbisse treiben dich umher, Schuldbewußtsein läßt dich keine Ruhe finden. Ich beschwöre dich, bändige diese gottlose Leidenschaft, beflecke nicht deines Gatten Bett mit Buhlerei.» «Ich weiß, alles, was du sagst, ist wahr», entgegnete Lucretia, «aber ich rase ja, ich werde zur Sünde getrieben. Mir ist vollkommen bewußt, daß ich ins Verderben renne, und doch, ich kann nicht anders. Die Leidenschaft hat mich geknechtet, beherrscht mich ganz, ich bin ganz Liebe, nichts als Liebe. Und ihren Geboten muß ich gehorchen. Ach, lang genug hab ich mich dagegen aufgelehnt! Wenn du einen Funken Erbarmen mit mir hast, so geh und richt es aus.» Darauf seufzte Sosias und sprach: «Nein, ich bitte dich flehentlich, bei diesem meinem grauen Kopf, bei dieser im Dienste schwach gewordenen Brust, bei all der

Treue, die ich deinem Hause unwandelbar gehalten – beherrsch deine Leidenschaft! Du tust dir nur selbst damit was Gutes. Und wer bloß geheilt sein will, der ist es schon halb.» Da antwortete Lucretia: «Ja, noch hat mich nicht alle Scham verlassen. Ich werde dir folgen, Sosias, und meine Leidenschaft mit dem einzigen Mittel, das es noch gibt, bändigen: ehe ich sündige, will ich sterben.» Sosias erschrak: «Gott, Herrin, sprich nicht so! Gib dich nicht so deinem Schmerz hin, fasse dich! Denn eben jetzt bist du erst wert zu leben, da du dich des Todes würdig findest.» «Ich bin entschlossen zu sterben», erwiderte Lucretia kalt. «Hat sich doch auch die Frau des Collatinus nach jener Untat selbst gerichtet. Ich komm mit meinem Tod dem, was ich begehen müßte, zuvor. Ich weiß nur noch nicht, was ich wähle. Erwürge oder erstech ich mich? Soll ich mich vergiften oder aus dem Fenster stürzen? Eins davon werd ich tun und meine Begehrlichkeit büßen.» «Das ertrag ich nicht!» rief Sosias. – «Wenn einer sterben will», entgegnete Lucretia ruhig, «kann ihn niemand hindern. Der Portia, der Tochter des Cato, hatte man nach dem Tode des Brutus das Schwert weggenommen; sie aber schluckte glühende Kohlen.» «Ja, wenn deine Raserei so weit gediehen ist», sprach jetzt Sosias, «dann muß man dein Leben und nicht deinen guten Namen zu bewahren trachten. Schließlich ist ja auch der Ruf oft trügerisch, der Böse hat einen guten, der Gute oft einen üblen Ruf. Ich will diesen Euryalus ausholen, ich will die ganze Sache in die Hand nehmen und hoffe dich zufriedenzustellen.» Mit diesen Worten entflammte er noch mehr die glühende Seele mit Liebe, nährte mit Hoffnung das zweifelnde Herz. Aber er hatte gar nicht vor, nach seinen Worten zu handeln. Er gedachte sie hinzuhalten, und inzwischen würde sie sich beruhigen; wie ja oft die Zeit Flammen verlöschen macht, die Tage tiefe Erregungen beschwichtigen. Sosias gedachte sie mit erdichteten Nachrichten zu beschäftigen, bis der Kaiser abreiste oder sie andern

Sinnes würde, damit sie nur nicht etwa sich einen andern Vertrauten suchte oder gar Hand an sich legte. Er stellte sich an, als ob er hinginge, von ihm käme, richtete aus, daß er über ihre Liebe glücklich sei und nur auf den geeigneten Zeitpunkt wartete, zu dem sie sich sprechen könnten. Mitunter wieder sagte er, es wäre keine Gelegenheit gewesen, ihn zu sprechen, veranlaßte manchmal, daß er auf das Land geschickt wurde, und versprach ihr alles mögliche, bis er zurück wäre. So bemühte er sich lange Zeit, besänftigend auf sie zu wirken, und suchte nur einmal, um nicht alles zu erlügen, den Euryalus auf und sprach: «Wenn Ihr wüßtet, wie Ihr geliebt werdet!» Auf seine Frage gab er weiter keine Antwort.

EURYALUS NUN, SELBST tief im Herzen verwundet, fand keine Ruhe, schleichendes Feuer in seinem Blut machte ihn verstört und müde. Er kannte den Sosias nicht und ahnte nicht, daß Lucretia ihn geschickt hat-

Er kannte den Sosias nicht und ahnte nicht, daß Lucretia ihn geschickt hatte.

te; und wie wir alle das, was wir wünschen, kaum zu hoffen wagen, so suchte auch er, als er seiner Verliebtheit bewußt wurde, sich zuzureden und hielt sich oft und oft vor: «Du weißt ja doch, Euryalus, was es mit der Herrschaft der Liebe für eine Bewandtnis hat. Viel Trauer, wenig Freude; kurzer Genuß, lange Verstimmung. Einer, der liebt, stirbt fortwährend und ist niemals tot. Was fängst du wieder solche Possen an?» Als er sah, daß dies alles zwecklos war, meinte er wieder: «Was soll ich Unglücklicher lang gegen meine Liebe kämpfen? Soll ich nicht tun wie Julius tat und Alexander tat und Hannibal? Ich brauche gar keine Helden anzuführen, man sehe nur die Poeten: Virgilius hing an einer Strickleiter hoch am Turm, in dem er die zärtliche Umarmung eines Weibes genießen wollte. Allerdings, die Poeten führen immer ein lockeres Leben; aber was können wir den Philosophen nachsagen, den Meistern der Wissenschaft, die so treffliche Lebensregeln aufstellen? Den Aristoteles bestieg ein Weib wie ein Pferd, legte ihm Zügel an und drückte Sporen in seinen Leib. – Göttergleich ist die Majestät unseres Kaisers, und es trifft nicht zu, was man vielfach zu hören bekommt: ‹Nicht wohl gehen vereint, noch haben gemeinsame Wohnung Liebe und Herrschergewalt.› Wer ist ein eifrigerer Liebhaber als unser Kaiser? Wie oft war er verliebt. Und Herkules, dieser göttergezeugte Kraftmensch selber, soll Köcher und Löwenfell weggelegt und sich an den Spinnrocken gesetzt haben, zierte die Finger mit Edelstein und ließ sich das Haar kräuseln, und die Hand, die einst die Keule schwang, spann den Faden an tanzender Spindel. Überhaupt ist die Liebe etwas ganz Natürliches. Auch die Vögel fühlen ihr Feuer. Die schwarze Turteltaube läßt sich von der grünen lieben, und die weißen Tauben schnäbeln mit den bunten, um die Worte anzuführen, die Sappho an den Sizilier Phaon schrieb. Und was soll ich von den Vierfüßlern berichten! Der Stier tritt ein für seine schöne Kuh, die hurtigen Hirsche wollen den Liebeskampf, man hört das Röhren ihrer Brunstzeit, es giert der hyrkanische Tiger, der reißende Eber schärft seinen Zahn, der punische Löwe schüttelt seine Mähne. Von Liebe erfaßt, glühen die Ungeheuer des Meeres, kein Wesen ist vor Liebe gefeit, keins kann sich ihr versagen. Haß stirbt ab, Liebe triumphiert. Die Jünglinge macht sie ungestüm, und den alten Leuten durchläuft sie noch einmal wärmend die Glieder. Nie gefühlte Glut entfacht sie im Busen der Jungfrau. Was sträub ich mich gegen die Gesetze des Lebens? Liebe zwingt ja das All, wir wollen der Liebe uns weihen.» Sowie dies bei ihm feststand, sah er sich nach einer Kupplerin um, die der Geliebten Briefe bringen könnte. Er hatte einen treuen Diener namens Nisus, der in solchen Dingen Bescheid wußte. Diesem gab er den Auftrag, und er brachte ihm ein altes Weib, die mit der Überbringung folgenden Briefes betraut wurde:

ALLES HEIL, LUCRETIA, möcht ich Dir in meinem Brief wünschen, wenn ich davon selbst genug hätte. Aber all mein Heil, alle Hoffnung meines Lebens hängt von Dir ab. Ich liebe Dich mehr als mich selbst und kann mir nicht denken, daß Dir meine Leidenschaft verborgen geblieben wäre. Mein Angesicht könnte Dir von meinem Herzen erzählen, es ist oft feucht von Tränen, und ich seufze, wenn ich Dich sehe! Nimm es gütig auf, wenn ich mich nun Dir entdecke. Dein unvergleichlicher Reiz hat mich gefangengenommen. Ich hab noch nicht gewußt, was Liebe ist; erst Du hast mich gänzlich in Bann geschlagen. Lange Zeit, ich gestehe es, hab ich darum gerungen, diese Tyrannei abzuschütteln. Aber solche Versuche vereitelte der Glanz, der von Dir ausgeht; vereitelten die Strahlen Deiner Augen, die die Sonne beschämen. Ich bin Dein Gefangener, ich weiß mit mir selber nichts mehr anzufangen, Schlaf und Nahrung hast Du mir geraubt. Dich lieb ich Tag und Nacht! Begehre Dich! Rufe nach Dir! Warte auf Dich! Denke an Dich! Hoffe auf Dich! Erquicke mich mit dem Gedanken an Dich! Dir gehört mein Herz. Dir gehör ich ganz, Du allein kannst mich retten, Du allein verderben. Wähle eins von beiden und laß es mich wissen. Deine Worte können nicht schlimmer treffen als der Blick von Deinen Augen. Ich verlang ja so wenig! – Nur eine Gelegenheit, mit Dir zu sprechen. Das allein ist der Zweck dieses Briefes: ich möchte Dir heraussagen können, was ich jetzt bloß schreibe. Gewährst Du das, so bin ich glücklich, versagst Du es, so reißt Du mir das Herz aus der Brust, das Dich mehr liebt als mich selber. Ich empfehle mich Dir und Deiner Huld. Lebe wohl, Du meine Seele und meines Lebens Hort!»

SOWIE DER BRIEF GESIEgelt war, bekam ihn die Kupplerin, welche eiligst Lucretia aufsuchte und sie allein traf. «Diesen Brief schickt

Sowie der Brief gesiegelt war, bekam ihn die Kupplerin, welche eiligst Lucretia aufsuchte und sie allein traf.

Euch der vornehmste und ansehnlichste Liebhaber am kaiserlichen Hof und läßt bitten, Ihr möchtet seinen großen Bitten Gehör geben.» Nun war die Kuppelei jenes Weibes stadtbekannt, und auch Lucretia wußte davon; es war ihr unerträglich, daß dieses übelberüchtigte Weib zu ihr geschickt war, und sie fuhr sie daher an: «Ich möchte nur wissen, welche Frechheit dich in dieses Haus eintreten läßt. Bist du verrückt, daß du dich in meine Nähe wagst? Du kommst in ein vornehmes Haus, du willst adelige Damen verführen, du wagst es, eine Ehe anzutasten! Ich muß an mich halten, daß ich dir nicht die Haare ausreiße! Du gibst mir einen Brief, du sprichst mich an?! Wäre es nicht zu sehr unter meiner Würde, sosehr du es verdienen würdest – ich würde es noch heute dahin bringen, daß du nie wieder Liebesbriefe austrägst! Marsch weg, und nimm deinen Brief da nur mit, oder vielmehr, gib ihn mir nur, ich will ihn zerfetzen und ins Feuer werfen!» Sie nahm den Brief, zerriß ihn, warf ihn auf den Boden, trat darauf mit den Füßen herum und spie ihn an. «So sollte es dir Kupplerin ergehn!» rief sie dazu aus. «Du bist wert, zu verbrennen, nicht zu leben. Aber jetzt fort mit dir, damit dich nicht mein Mann findet und die Strafe über dich verhängt, die ich dir noch schenke. Und komm mir nie wieder vor die Augen!» Ein anderes Weib hätte wirklich Angst bekommen, aber dieses kannte die Art der Frauen und sagte bei sich selber: «Gerade willst du, weil du zeigst, daß du nicht willst.» Deshalb fing sie noch einmal an: «Verzeiht, gnädige Frau, aber ich dachte Euch bloß einen Gefallen zu erweisen. Hab ich mich geirrt, so verzeiht mir. Wenn Ihr nicht wollt, daß ich wiederkomme, so tu ich's auch nicht. Aber Ihr werdet sehen, was für ein Liebhaber Euch entgeht!» Mit diesen Worten verließ sie Lucretia, suchte den Euryalus auf und sprach: «Freut Euch, glücklicher Liebhaber! Sie liebt Euch mehr, als Ihr sie lieben könnt. Sie hatte bloß keine Zeit, gleich die Antwort zu schreiben. Ich fand sie traurig, aber sowie sie Euren

Namen hörte, verklärte sich ihr Gesicht, und sie bedeckte das Papier mit tausend Küssen. Zweifelt nicht, Ihr werdet bald ihre Antwort erhalten.» Damit ging sie und hütete sich noch einmal, ihm zu begegnen, um nicht seiner Liebe Hiebe zu verdanken. Lucretia aber sammelte, sowie die Alte sie verlassen hatte, die zerrissenen Stücke des Briefes, setzte jedes Fetzchen an seinen Platz, stellte den Text zusammen und hatte alsbald den Brief wieder. Den las sie tausendmal, bedeckte ihn mit tausend Küssen und wickelte ihn schließlich in ein Nesseltuch, das sie unter ihrem Schmuck aufbewahrte. Indem sie bald diesen, bald jenen Satz wieder vornahm, sog sie daraus eine stündlich wachsende Liebe; und endlich ging sie daran, Euryalus zu antworten, und schickte ihm folgende Zeilen:

HÖRE AUF, ETWAS ZU ERhoffen, was nicht sein darf, lieber Euryalus! Erspare mir Deine Boten und Deine Briefe, und glaube vor allem nicht, daß ich zu denen gehöre, die käuflich sind! Ich bin nicht die, für die Du mich hältst und der Du eine Kupplerin schicken darfst. Wende Dich mit Deinen Liebessorgen an jemand anderen, ja? Etwas anderes als Freundschaft könnte ich nicht gewähren. Mache bei andern, was Du willst, von mir darfst Du nichts verlangen, was sich für uns beide nicht schickt. Gehab Dich wohl.»

Obwohl dieser Brief dem Euryalus allzu abweisend vorkam und auch mit dem Bericht der Kupplerin in Widerspruch stand, ließ er doch die Möglichkeit eines Briefwechsels offen. Euryalus sah keinen Grund, weshalb er der Person nicht trauen sollte, der Lucretia traute, es beunruhigte ihn nur, daß er des Italienischen nicht hinreichend mächtig war. So gab er sich alle erdenkliche Mühe, es fertig zu erlernen, und da ihn die Liebe fleißig machte, so beherrschte er es alsbald; und während er bisher alles, was er in italienischer Sprache zu schreiben hatte, sich erst übersetzen lassen mußte, so konnte er jetzt seine Briefe selbst aufsetzen. Er antwortete also der Lucretia, sie möge es ihm nicht allzusehr verübeln, daß er das übelberüchtigte Frauenzimmer zu ihr geschickt habe, er sei hier fremd und habe niemand andern gewußt. Aus einer Liebe, die nichts Unerlaubtes wollte, habe er sie gesendet, er habe vielmehr die Überzeugung, daß sie sittenstreng und unnahbar sei, aber deshalb müsse er sie nur um so mehr lieben. Für eine leichtfertige Frau, die ihre Ehre nicht wahrte, habe er überhaupt nichts übrig, die könnte er nicht lieben; denn eine Frau, die der Sitte vergesse, sei nichts mehr. Schönheit sei ein köstliches Gut, aber hinfällig und vergänglich und habe ohne Sittsamkeit überhaupt keinen Wert. Aber wo Reinheit und Schönheit sich verbänden, sei die Frau göttlich, er wisse, daß sie in beidem prange, und deshalb verehre er sie, ohne doch etwas Unerlaubtes oder was ihrem guten Ruf schaden könnte, von ihr zu verlangen. Er wünsche bloß, sie zu sprechen, um ihr seine Gesinnungen mündlich auseinandersetzen zu können; schriftlich gehe das nicht gut. Mit diesem Briefe schickte er Geschenke, die nicht nur von wertvollstem Material, sondern auch von hervorragender Arbeit waren.

Lucretia antwortete darauf das folgende:

BESTEN DANK FÜR DEINEN Brief; über die Alte will ich mich also nicht weiter beklagen. Daß Du mich liebst, guter Gott, das wundert mich gar nicht; Du bist nicht der erste und nicht der einzige, den mein Aussehen besticht. Viele waren in mich verliebt, und manche sind es noch; aber das hat ihnen nichts geholfen und wird Dir auch nichts helfen. Mit Dir sprechen kann und will ich gar nicht. Mich allein zu treffen ist unmöglich, außer Du verwandelst Dich

in eine Schwalbe; das Haus ist hoch, und der Eingang wird bewacht. Deine Geschenke nehme ich an, aber nur, weil ich die Arbeit daran wirklich hübsch finde; und damit Du mir nichts schenkst und schon ein Liebespfand darin erblicken kannst, überreiche ich Dir einen Ring, den meine Mutter von ihrem Gatten hatte; er soll die Bezahlung für die von mir erworbenen Schmuckstücke sein. Der Edelstein daran ist ungefähr so viel wert wie Deine Gabe. Leb wohl.»
Antwort des Euryalus:

DEIN BRIEF HAT MICH RIESIG gefreut, zumal er die leidige Sache mit der Alten aus der Welt schafft. Aber ich fürchte nur, daß Du meine Liebe nicht richtig, nicht hoch genug einschätzest. Denn wenn auch mehrere Dich lieben: keiner mit solchem Feuer wie ich. Du glaubst es nicht, weil ich mit Dir darüber nicht sprechen kann. Hätte ich dazu Gelegenheit, Du würdest mich nicht verschmähen. Ja, könnte ich mich in eine

Schwalbe verwandeln! Noch lieber freilich in Staub, denn vor dem könntest Du das Fenster nicht schließen. Aber nicht, was Du nicht kannst, betrübt mich, sondern was Du nicht willst. Worauf sollt ich sonst Gewicht legen als auf die Seele. Ach, meine teure Lucretia, warum mußt Du auch sagen, daß Du nicht willst! Wenn Du könntest, Du würdest mich wirklich nicht sprechen wollen? Mich, der ich ganz der Deine bin, der nichts heißer wünscht, als Dir dienen zu können! Würdest Du befehlen, ich sollte für Dich durchs Feuer gehen, es wäre schneller getan als verlangt. – Ich beschwöre Dich, schreibe darüber. Wenn es schon unmöglich ist, so sollte wenigstens in Deinem Willen kein Hindernis bestehen. Töte mich nicht mit Worten, mich, der von Deinem Blick lebt! Willst Du mich bloß deshalb nicht sprechen, weil es die Umstände nicht erlauben, so unterwerfe ich mich. Aber Du darfst nicht bei dem Schluß beharren, daß meine Bemühungen um Dich erfolglos bleiben müssen. Nicht diese Grausamkeit!

Sei doch gütiger gegen einen, der Dich liebt. Wenn Du noch lang so sprichst, so trägst Du Schuld an meinem Tod. Denn leichter kannst Du mich mit Worten töten, als es ein anderer mit dem Schwert vermöchte. Mehr verlang ich nicht als dieses eine: daß Du mich wiederliebst. Es stünde dem eigentlich gar nichts im Wege. Niemand kann Dich daran hindern. Sag mir, daß Du mich liebhast, und ich bin selig! Was meine kleinen Geschenke betrifft, so bin ich froh, daß sie bei Dir sind. Sie werden Dich an meine Liebe erinnern, so geringfügig sie sind. Etwas besser ist, was ich Dir heute sende. Weise es nicht zurück, weil es von einem kommt, der Dich liebt. Noch schönere Dinge, die jeden Tag aus meiner Heimat eintreffen können, gehen Dir zu, sobald sie da sind. Deinen Ring laß ich nie von meinem Finger, und da ich Dich nicht hab, so wird er oft ganz feucht von vielen Küssen. Lebe wohl, meine Wonne! Und tröste mich, Du kannst es!»

IN DIESER ART GINGEN die Briefe hin und her, bis Lucretia folgendes schrieb: «Gern wollte ich, lieber Euryalus, Deinen Wunsch erfüllen und Dir meine Liebe gewähren. Dein Adel verdient es, Dein Charakter fordert es, daß Du nicht vergeblich liebst. Ich schweige davon, wie sehr Du mir gefällst. Aber es wäre gewagt für mich, Dich zu lieben. Ich kenne mich. Wenn ich zu lieben beginne, so kenn ich weder Maß noch Ziel. Lang kannst Du nicht hier bleiben, und wenn ich einmal mit Dir ein gewisses süßes Spiel getrieben hätte, könnte ich Dich nicht mehr entbehren. Du würdest mich nicht mitnehmen wollen, und ich würde nicht bleiben wollen. Das Beispiel vieler Frauen, die Ausländer geliebt haben und von ihnen wieder verlassen wurden, zeigt mir die Gefahr Deiner Liebe. Jason betrog die Medea, mit deren Hilfe er doch den wachsamen Drachen getötet und das goldene Vlies erbeutet hatte. Theseus sollte dem Minotaurus vorgeworfen werden, aber er konnte sich auf Ariadne verlassen, sie rettete ihn, und dennoch ließ er sie auf einer einsamen Insel zurück. Und die unselige Dido, die den Flüchtling Aeneas aufgenommen hatte? Hat diese Liebe zu einem Ausländer sie nicht das Leben gekostet? Oh, ich weiß es, was es heißt, einen Fremden zu lieben, und kann mich dieser Gefahr nicht aussetzen. Ihr Männer seid härter und standhafter und vermögt die Liebesraserei zu bezwingen. Der Leidenschaft einer Frau aber setzt erst der Tod ein Ziel. Bei den Frauen ist es kaum Liebe, sondern Wahnsinn. Und wenn ein Weib enttäuscht wird, nichts ist für sie schrecklicher. Hat man dieses Feuer einmal in sich, gibt es keine Rücksicht mehr auf den guten Namen, keine auf das eigene Leben! Da gibt's nur eines: den Geliebten so oft wie möglich bei sich zu haben; denn je mehr wir ihn entbehren, desto größer ist unsere Sehnsucht nach ihm, und wir achten keine Gefahr, nur gestillt zu werden. Ich als verheiratete und adelige Dame also

habe beschlossen, der Liebe nicht Gehör zu geben, und zumal nicht Deiner, da es so nicht lang dauern könnte und ich nicht eine zweite Phyllis noch eine zweite Sappho genannt werden will. Und so bitte ich Dich, nicht länger mich um meine Liebe zu drängen und die Deine möglichst bald zu ersticken und zu unterdrücken. Das fällt Männern ohnedies viel leichter als Frauen. Und überhaupt, wenn Du mich wirklich liebst, darfst Du das auch gar nicht von mir verlangen, weil ich daran zugrunde ginge. Deine Geschenke erwidere ich mit einem goldenen, perlengeschmückten Kreuz, das vielleicht ein bißchen klein, aber durchaus nicht wertlos ist. Leb wohl.»
Auf diesen Brief hin verstummte Euryalus natürlich erst recht nicht, sondern er nährte nur seine Liebe, und so schrieb er zurück:

ALLES GLÜCK ÜBER DICH, Lucretia! Teuerste! Die Du mich mit Deinem Brief so glücklich machst, wenn auch manche kleine Bitternis darinnen steckt. Aber davon hoff ich Dich schon noch abzubringen. Ich hielt ihn in den Händen, Deinen Brief, gesiegelt war er und das Siegel mit Deinem Petschaft bezeichnet. Ach, und ich las ihn, ich las ihn oft, und noch öfter hab ich ihn abgeküßt. Nun, er rät mir Dinge an, die nicht Dein Ernst sein können. Da verlangst Du, ich soll aufhören, Dich zu lieben, als ob Du der Liebe zu einem Ausländer nicht nachgeben dürftest, und erzählst Beispiele, wie man dabei betrogen wird. Und das schreibst Du so brillant und delikat, daß ich Dich nie mehr vergessen könnte und meine Bewunderung und Liebe zum höchsten gestiegen ist. Und wer könnte gerade dann aufhören zu lieben, wenn ihm bewußt wird, was für ein Schatz an Klugheit und Gescheitheit seine Erwählte ist! Wenn Du wirklich meine Liebe dämpfen willst, dann durftest Du mir nicht Deine feine Bildung offenbaren. Denn so löscht man keinen Brand, so facht man einen kleinen Funken zum mächtigsten Feuer an. Ach, wie ich glühte, als ich las und wahrnahm, daß zu Deiner Schönheit und Deiner Untadelhaftigkeit auch noch diese hohe Bildung kommt. Und Du verlangst tatsächlich, ich soll aufhören, Dich zu lieben. Verlange von Bergen, daß sie eben werden, von Flüssen, daß sie zu ihren Quellen zurückkehren – ich könnte so gut Dich nicht lieben wie Phoebus seine Bahn ändern. Wenn die skythischen Berge ihren Schnee, die Meere ihre Fische, die Wälder ihr Wild entbehren wollen, dann will ich Dich vergessen. Oh, es ist den Männern gar nicht so leicht, wie Du glaubst, ihre Liebe zu bezwingen. Was Du unserem Geschlechte zuschreibst, das scheint den meisten Leuten gerade das Deine auszuzeichnen. Aber darüber wollen wir nicht streiten. Nur darauf muß ich näher eingehen, worüber ich Deine Ansicht nicht teile. Denn wenn Du mir eine Menge Beispiele vorlegst, wie oft die Frauen in ihrer Liebe zu Fremdlingen getäuscht wurden, so kann ich noch mehr Männer nennen, die von den Frauen verraten wurden. Den Troilus, wie Du weißt, Sohn des Priamus, betrog die Criseis, den Deiphobus verriet Helena; die Circe verwandelte ihre Anbeter durch Zaubermittel in Schweine und andere Tiere. Nein, es ist ungerecht, aus dem Verhalten einzelner weniger das ganze Geschlecht zu beurteilen. Denn wenn wir das ein wenig noch übertreiben, so wirst Du wegen zweier, dreier oder selbst wegen zehn ungetreuer Männer alle anklagen und verabscheuen, und ich werde wegen ebenso vieler Frauen alle hassen. Wählen wir nicht lieber andere Beispiele? Was war das für eine Liebe zwischen Antonius und Kleopatra! Und zwischen anderen, ich nenne sie nicht erst, sonst wird der Brief zu lange. Wenn Du den Ovid gelesen hast, so hast Du nach der Zerstörung von Troja eine ganze Menge Argiver gefunden, die aus Liebe zu Ausländerinnen niemals in ihr Vaterland zurückkehrten. So sehr hingen sie an ihren Liebsten, daß sie lieber als auf sie auf Verwandte, Heimat, Königswürde und was einem jeden zu Hause teuer sein konnte verzichteten. Und so bitte ich Dich, liebe Lucretia, bedenke nicht das, was unserer Liebe feind ist und was sich einige wenige zuschulden kommen ließen. Ich diene Dir mit der Gesinnung, Dich immer zu lieben, immer der Deine zu sein, und Du darfst mich auch nicht mehr Ausländer nennen. Ich bin sogar schon viel mehr Einheimischer als einer, der hier geboren ist. Hat ihn der Zufall zum Einheimischen gemacht, so bin ich es durch freie Wahl! Ich habe kein Vaterland außer dort, wo Du bist. Sollte ich gezwungen sein, auf einige Zeit abzureisen, werde ich, so schnell ich kann, wiederkehren! Und nach Deutschland gehe ich nur zurück, um meine Angelegenheiten in Ordnung zu bringen und dann um so länger bei Dir zu bleiben. Es wird sich leicht eine Gelegenheit finden, daß ich bei Dir verweilen kann. Der Kaiser hat in diesen Gegenden immer eine Menge Geschäfte, ich werde veranlassen, daß ich mit ihrer Besorgung betraut werde. Bald als Gesandter, bald in einer amtlichen Eigenschaft. Es wäre gut, wenn der Kaiser einen Statthalter in Toskana hätte; das möchte ich werden. Zweifle nur nicht, süßeste Lucretia, mein Herz, meine Hoffnung! daß ich ebensogut ohne Herz wie ohne Dich leben könnte. Aber nun erbarme Dich auch eines Liebenden, der schon vergeht vor Sehnsucht wie der Schnee vor der Sonne. Denke, was ich gelitten habe, und ende nun meine Qualen. Oder wie lang willst Du mich noch peinigen? Ich wundere mich über mich selber, wie ich nur so viele Martern ertragen konnte, so viel schlaflose Nächte, so viel Entbehrungen aushielt. Sieh mich nur an, wie schlecht ich aussehe. Nur an einem dünnen Faden hängt noch mein Leben. Wenn ich Dir Eltern oder Kinder umgebracht hätte, könntest Du keine härtere Strafe über mich verhängen. Wenn Du mich nun so strafst, was willst Du denen antun, die Dir wirklich schaden? Ach, meine Lucretia! meine Herrin, mein Heil, mein Hort, nimm mich endlich in Gnaden auf! Schreib mir, daß Du mich liebhast, ich will nichts anderes. Laß mich sagen, daß ich der Sklave der Lucretia bin. Auch Kaiser und Könige lieben ihre Knechte, wenn sie sie treu wissen, und auch die Götter halten es nicht unter ihrer Würde, denen, die sie lieben, auch ihre Liebe zu vergelten. Lebe wohl, meine Hoffnung und meine Furcht!»

So wie ein Turm, der innen längst baufällig ist, aber von außen uneinnehmbar scheint, rasch zusammenbricht, sobald der Mauerbrecher ihn erschüttert, so wurde Lucretia durch die Worte des Euryalus verführt. Jetzt kannte sie den Eifer des Liebenden, jetzt gestand sie die lange verhehlte Liebe und entdeckte sich dem Euryalus in folgendem Briefe:

NICHT LÄNGER KANN ICH Dir widerstehen, lieber Euryalus, und Du sollst wissen, daß auch ich Dich liebe. Du hast gesiegt, ich bin die Deine. Ich Unglückliche, daß ich je Deine Briefe annahm! Von allen Seiten lauern Gefahren auf mich, ich brauche Deine Klugheit und Deine Treue. Nun erfülle aber auch Dein Versprechen. Ich vertraue mich gänzlich Deiner Liebe an. Verläßt Du mich, so bist Du grausam, ein Verräter, ein Nichtswürdiger. Und es ist so leicht, ein Weib zu betrügen, aber je leichter, desto schändlicher. Bis jetzt ist ja noch nichts geschehen: gedenkst Du mich aber zu verlassen, so sag es bitte, ehe die Liebe unbezähmbar geworden ist. Wir wollen uns doch in nichts einlassen, was uns nachher reuen soll. Bei allem muß man das Ende bedenken. Ich bin, wie wohl die meisten Frauen, blind: Du bist ein Mann, sorg für mich und für Dich! Ich bin die Deine, ich vertrau mich Dir an; und wenn ich mich Dir gebe, so ist es für immer! Lebe wohl, mein Schützer und mein Führer.»

Sie wechselten noch mehrere Briefe, in denen die Glut der Lucretia der des Euryalus nichts nachgab. Beide hatten jetzt den einen Wunsch: zusammenzukommen; aber das schien schwierig, wenn nicht überhaupt unmöglich, da man Lucretia kaum aus den Augen ließ, sie nicht allein ausgehen konnte und überhaupt selten allein war. Argus hütete nicht so sorgfältig die Kuh der Juno, wie Menelaus die Lucretia überwachen ließ. Das kommt bei den Italienern sehr oft vor, seine Frau verschließt ein jeder wie einen Schatz – meiner Ansicht nach ganz unnötigerweise. Denn die Frauen sind so, daß sie dann das am liebsten möchten, was man ihnen am hartnäckigsten versagt – was du willst, das wollen sie nicht, was du nicht willst, das begehren sie. Läßt man ihnen ihre Freiheiten, dann sind sie weniger untreu. Daher ist es ebenso leicht, eine Frau zu behüten, wie im Sonnenbrand eine Herde Flöhe zusammenzuhalten. Ist eine Frau nicht aus sich selbst heraus ehrbar, hilft alles Bewachen nichts. Denn wer bewacht wieder die Wächter? Sie ist schlau genug und fängt bei ihnen an. Das Weib ist ein unzähmbares Tierchen, Zaum und Zügel halten sie nicht in Zucht.

LUCRETIA HATTE EINEN Stiefbruder. Diesen hatte sie zum Vertrauten ihrer Liebe gemacht und ließ gewöhnlich durch ihn ihre Briefe dem Euryalus zustellen. Mit ihm nun wurde verabredet, daß Euryalus heimlich in seine Wohnung kommen sollte. Er wohnte nämlich bei seiner Stiefmutter, der Mutter der Lucretia, die einander oft besuchten, denn sie hatten nicht weit zueinander. Man hatte sich dahin geeinigt, daß Euryalus im Haus versteckt wurde, und Lucretia, sobald die Mutter in die Messe gegangen war, auch hinkomme, wie um die Mutter zu besuchen, und, da sie sie nicht finden würde, ihre Rückkunft abwartete, in Wirklichkeit natürlich inzwischen bei Euryalus sei. Dies wurde auf den zweiten Tag verabredet. Den Liebenden erschienen diese zwei Tage so lang wie Jahre, wie ja denen, die Angenehmes vor sich sehen, die Stunden gar nicht vergehen wollen, die aber etwas zu befürchten haben, für die eilt die Zeit zu schnell.

Lucretia hatte einen Stiefbruder. Diesen hatte sie zum Vertrauten ihrer Liebe gemacht und ließ gewöhnlich durch ihn ihre Briefe dem Euryalus zustellen.

Und das Schicksal war den Wünschen der Liebenden nicht günstig. Denn die Mutter witterte Unrat, und als jener Tag gekommen war und sie ausging, sperrte sie ihren Stiefsohn aus, dem nun nichts übrig blieb, als dem Euryalus die Trauerkunde zu überbringen. Das war bitter für die beiden, aber Lucretia meinte entschlossen:
«Wenn das nicht gelungen ist, so werden wir eben einen anderen Weg einschlagen, und meine Mutter wird mein Glück nicht hindern.» Sie hatte einen Verwandten ihres Mannes, namens Pandalus, bereits ins Vertrauen gezogen, ihre Leidenschaft ließ ihr ja keine Ruhe; und sie bedeutete dem Euryalus, ihn anzugehen, er sei verläßlich und werde eine Begegnung möglich machen. Euryalus aber mißtraute diesem Menschen, den er immer in der Gesellschaft des Menelaus sah, und befürchtete eine Falle. Er überlegte noch, da erhielt er den Auftrag, nach Rom zu gehen und mit dem Papst über die Krönung des Kaisers zu verhandeln. Das kam sowohl ihm als seiner Geliebten herzlich ungelegen,

aber dem Befehl des Kaisers konnte man sich nicht entziehen. So reiste er ab und blieb zwei Monate aus. Über diese Zeit blieb Lucretia zu Hause, hatte die Fenster zu, ging in Trauerkleidern, wollte nicht ausgehen. Alles wunderte sich und konnte sich den Grund nicht denken. Man kam sich ordentlich verwaist vor, und allen war es, als ob es keine Sonne gäbe. Die Dienstleute, welche sie oft auf dem Bette liegen und niemals fröhlich sahen, meinten, sie wäre krank, und boten ihr alle erdenklichen Heilmittel an. Und nie lachte sie und wollte auch ihr Schlafzimmer nicht verlassen, als bis sie erfuhr, Euryalus komme zurück und der Kaiser gehe ihm entgegen. Da warf sie sich, wie aus einem tiefen Schlaf erwacht, in Festkleider, schmückte sich wie sonst, öffnete die Fenster und erwartete ihn voller Freude. Als der Kaiser sie nun sah, fing er an: «Euryalus, jetzt wissen wir's, leugne es nicht länger. Solang du weg warst, ließ sich Lucretia nicht blicken. Nun kommst du wieder – die Sonne geht auf. Wie man's immer anstellt, die Liebe ist nicht etwas, was sich verheimlichen läßt.» «Eure Majestät belieben wieder mit mir zu scherzen», antwortete Euryalus, «und ich muß lachen. Was es damit für eine Bewandtnis hat, weiß ich wirklich nicht. Offenbar hat das Gewieher Eurer Pferde oder vielleicht das Rauschen Eures Bartes sie hervorgelockt.» Und indem er so sprach, schaute er heimlich nach Lucretia, Blick tauchte in Blick – dies war die erste Begrüßung nach seiner Rückkehr.

EINIGE TAGE DANACH machte Nisus, der getreue Begleiter des Euryalus, der sich die Sache sehr angelegen sein ließ, eine Schenke ausfindig, die hinter dem Haus des Menelaus gelegen war und einen Blick in das Schlafzimmer der Lucretia gestattete. Er bestach den Wirt, und nachdem er alles ausgekundschaftet hatte, führte er den Euryalus dorthin: «Von diesem Fenster aus könnt Ihr sogar mit Lucretia sprechen.» Zwischen

Einige Tage danach machte Nisus eine Schenke ausfindig, die hinter dem Haus des Menelaus gelegen war und einen Blick in das Schlafzimmer der Lucretia gestattete.

den beiden Häusern lief ein elendes Gäßchen, in das sich selten jemand verirrte, nicht einmal die Sonne; es war kaum drei Ellen breit. Hier saß der Liebende lange Zeit und wartete, ob ihm nicht ein günstiger Zufall Lucretia zeigte, und er täuschte sich nicht. Endlich wurde sie sichtbar, blickte dahin und dorthin; und da rief Euryalus: «Wie geht es dir, Stern meines Lebens? Wohin schaust du denn, mein Herz! Hieher, hieher mußt du sehen, mein Hort! Ich bin's, dein Euryalus! Ich, ich bin hier, schau nur!» «Du bist hier!« rief Lucretia aus, «o liebster Euryalus, endlich kann ich dich sprechen! Ja, wenn ich dir nur um den Hals fallen könnte!» «Das ist hier kein großes Wagnis», erwiderte Euryalus, «ich werde eine Leiter anlegen, sperr dein Zimmer ab, allzulange haben wir es aufgeschoben, unsere Liebe zu genießen!» «Vorsicht, Euryalus, wenn du mich nicht verderben willst! Hier rechts von meinem Fenster haben wir einen Nachbarn, der mir nicht wohlwill. Und auch der Wirt ist nicht verläßlich, um ein paar

Kreuzer richtet er dich und mich zugrunde. Wir müssen es anders anstellen. Es ist ja schon so viel, wenn wir hier nur miteinander sprechen können.» «Aber ich», antwortete ihr Euryalus, «ich hab das Leben satt, wenn ich dich nicht endlich einmal fest in meinen Armen halten kann!» Das Gespräch, das sie dort in jenem Winkel führten, dauerte noch lange, und sie warfen sich sogar Geschenke zu; es wäre schwer zu entscheiden gewesen, wer hierbei splendider war. Indessen kam Sosias darauf und sprach zu sich selber: «Ich hab also umsonst den beiden Liebenden Hindernisse in den Weg gelegt, und wenn ich nicht schlau bin, so wird meine Herrin zugrunde gehen und mein Herr seine Ehre verlieren. Schließlich ist es schon etwas, wenn ich von diesen beiden Unglücksfällen den einen abwenden kann. Soll meine Herrin lieben – solang es geheim bleibt, kann nichts geschehen. Sie ist blind in ihrer Liebe, denkt nicht an die Folgen. Aber wenn ihre Sittsamkeit sie nicht behütet, ist es hoffentlich genug, wenn die

Sache nur nicht öffentlich wird und mit Mord und Totschlag endet. Ich geh zu ihr und biet ihr meine Hilfe an. Solang ich konnte, hab ich aufgepaßt, daß nichts geschieht; denn es gehört sich einmal nicht. Jetzt will ich nur dafür sorgen, daß, was geschieht, verborgen bleibt; und eigentlich ist es ein und dasselbe: es nicht zu tun, oder es so zu tun, daß es niemand merkt. Ja ja, die Begehrlichkeit ist ein allgemein verbreitetes Laster, es gibt kaum einen Menschen, der nicht mit dieser Krankheit geschlagen wäre, aber wer vorsichtig ist, den halten die Leute auch für anständig.» Wie er so mit sich redet, sieht er Lucretia aus ihrem Schlafzimmer herauskommen, nähert sich ihr und spricht: «Warum sagt Ihr mir nichts mehr von Eurer Liebe? Euryalus liebt Euch; laßt es nur geheim bleiben, und gebt nur acht, wem Ihr Eure Liebe schenkt. Die höchste Stufe der Weisheit ist, nicht zu lieben; die nächste, seine Liebe wenigstens geheimzuhalten. Ohne einen Mitwisser werdet Ihr aber nicht weit kommen. Ihr wißt es seit langem, wie sehr ergeben ich Euch bin. Ich stehe zu Eurer Verfügung. Ich werde mich bemühen, daß nichts herauskommt, daß Ihr Eure Leidenschaft nicht noch büßen müßt, und daß Euer Mann auch keine lächerliche Figur wird.» «Du hast recht, Sosias», antwortete Lucretia, «und ich vertraue dir vollkommen. Ich weiß nicht, wieso, aber du bist mir unverläßlich vorgekommen. Jetzt, wo du dich freiwillig meldest, nehme ich deine Dienste an und fürchte von dir keine Verräterei. Du weißt, wonach ich brenne: lange halt ich dieses Feuer nicht mehr aus! Hilf mir, daß wir zusammenkommen. Euryalus wird krank aus Liebe, und ich sterbe. Es wäre geradezu ein Verbrechen, unseren Wünschen nicht nachzugeben. Wenn wir einmal wenigstens beisammen waren, werden wir uns mäßigen können, und alles bleibt verborgen. Geh also und gib dem Euryalus den einzigen Weg an, wie er zu mir gelangen kann. Heute in vier Tagen bringen die Landleute das Getreide herein, er soll sich als Lastträger verkleiden und einen

Getreidesack über die Stiege in den Speicher tragen. Du weißt, mein Schlafzimmer hat den einen Ausgang auf diese Treppe, richt nur alles ordentlich dem Euryalus aus. Ich werde tagsüber dort bleiben und zur rechten Zeit im Schlafzimmer sein. Er soll die Tür nur aufmachen, sowie er allein ist, und zu mir eintreten.»

OBWOHL DAS VERGEHEN an sich schon schlimm genug war, fürchtete Sosias noch weit Ärgeres, aber was blieb ihm übrig, er empfing den Auftrag, suchte den Euryalus auf und setzte ihm alles aufs genaueste auseinander; jener hielt es für eine Kleinigkeit, das zu tun, bereitete das Nötige vor und jammerte nur, daß es noch so lange bis dahin wäre. Ach, welche unvernünftige Gesinnung eines Liebenden! Welche Blindheit, welche Tollkühnheit und welche Unerschrockenheit! Was wäre so schwierig, daß du es nicht kinderleicht findest, was so verschlossen, das du nicht offen fändest? Jede Gefahr schätzt du gering, nichts hältst du für schwer. Dir gegenüber ist jede Wachsamkeit der Ehegatten zwecklos, dich binden keine Gesetze, du kennst weder Furcht noch Scham. Jede Mühe überwindest du spielend, Hindernisse gibt es für dich nicht, du, Liebe, Bezwingerin des Alls! Einen vornehmen Herrn, einen Günstling des Kaisers, einen Mann, den Reichtum umgibt, der in den schönsten Mannesjahren steht, dessen feine Bildung und Lebensklugheit berühmt sind – den bringst du dahin, daß er über sein Staatskleid einen Kittel von Sackleinwand anzieht, daß er sein Gesicht beschmiert, sich zum Knecht erniedrigt und, in Überfluß und Bequemlichkeit aufgewachsen, seine Schultern mit Traglasten belädt und sich unter Lastträger, die ein jeder dingen kann, mischt. Ist es nicht zum Staunen, ist es nicht unglaublich, einen höchst einflußreichen Mann unter den Lastträgern zu erblicken, zu sehen, wie er sich gemein macht mit diesem Auswurf, dieser Hefe des Volkes? Gibt es eine größere Verwandlung? Es ist ungefähr dasselbe, was Ovids Metamorphosen wollen, die von der Verwandlung von Menschen in Tiere oder Steine oder Pflanzen erzählen. Und das meinte auch der vortreffliche Maro, bei dem die Circe ihre Liebhaber in Schweine verzaubert. Der Sinn davon nämlich ist: Die Liebe beraubt den Menschen so sehr seiner Geisteskräfte, daß er sich kaum noch vom Tiere unterscheidet.

AURORA VERLIESS DAS ROsige Lager des Tithon, führte den ersehnten Tag herauf; Apollo verlieh den Dingen ihre Farben und weckte den sehnsüchtigen Euryalus, der sich jetzt überglücklich pries, als er unerkannt sich gemeinen Menschen zugesellen konnte. Er machte sich also auf und betrat das Haus der Lucretia, belud sich mit dem Mehlsack, trug ihn in den Speicher und war beim Herabkommen der letzte: und wie er angewiesen war, öffnete er die Tür zum Schlafgemach, die er, natürlich geschlossen, am Absatz der Treppe fand, trat ein und schloß hinter sich ab. Und da sah er Lucretia, allein, mit einer Handarbeit beschäftigt, und trat näher mit den Worten: «Sei mir gegrüßt, mein Herz! Gegrüßt, mein einziges Lebensglück und meine Freude! Find ich dich endlich allein, kann ich dich Ersehnte endlich ohne Zeugen in meine Arme schließen! Keine Entfernung, keine Mauer mehr zwischen dir und meinen Küssen!» Und obwohl Lucretia selbst alles so geordnet hatte, war sie sehr verlegen bei diesem ersten Zusammentreffen, meinte nicht Euryalus, sondern einen Geist zu sehen und konnte sich nicht denken, daß er wirklich sich in ein so gefährliches Unterfangen eingelassen hatte. Aber ihn umarmend und küssend, sah sie, daß er es wirklich war. «Du bist wirklich da, du Ärmster!» flüsterte sie. «Du bist gekommen, Euryalus!» Und tief errötet schloß sie ihn fester in die Arme und küßte ihm die Stirn. «Was ich dir für Ungelegenheiten mache!» fuhr sie fort, «was kann ich noch sagen? Jetzt weiß ich, wie lieb du mich hast; um unserer Liebe willen bestehst du diese Gefahr. Aber du wirst sehen, auch ich bin es imstande. Mögen nun die Götter günstig auf unsere Liebe herabblicken! Solang der Atem mir die Glieder belebt, wird Lucretia niemandem angehören als dir, auch dem nicht, den ich nach dem Gesetz meinen Gatten nennen muß, dem ich aber wider meinen Willen gegeben worden bin und an dem mein Herz niemals gehangen hat. Aber nun, meine Wonne, meine Lust, wirf diesen Kittel ab und zeig dich mir, wie du bist. Weg mit der Lastträgerkleidung, weg mit diesen Stricken, ich will Euryalus selbst sehen!» Und schon warf er die niedrige Tracht von sich, strahlte von Purpur und Gold und wollte sich nunmehr schleunigst dem Dienst der Liebe weihen. Da klopfte plötzlich Sosias an die Tür: «Achtung, ihr Liebenden! Ich weiß nicht, was Menelaus hier will, aber er kommt her. Schaut, daß ihr nicht entdeckt werdet, lügt ihn an, das ist alles, was ihr noch tun könnt.» Da sprach Lucretia: «Hier hinter diesen Vorhang! Da ist ein kleiner Schlupfwinkel, wir heben dort allerlei Dinge von Wert auf, du weißt, was ich dir geschrieben habe, wenn mein Mann mich mit dir findet. Da hinein! Es ist zwar finster drin, aber du bist sicher, und rühr dich nicht, und räuspere dich auch nicht!» Unschlüssig, was er tun sollte, folgte er zuletzt ihrem Vorschlag. Sie sperrte danach die Türe auf und kehrte zu ihrer Handarbeit zurück. Und schon traten Menelaus und Bertus zusammen ein; sie suchten einige Urkunden, die sich auf das Staatswesen bezogen. Als sie in den Schränken nichts fanden, meinte Menelaus: «Vielleicht sind sie in unserem Winkel da – geh, Lucretia, bring ein Licht, wir wollen dort suchen.» Entsetzt über diese Worte, verlor Euryalus beinahe das Bewußtsein, begann Lucretia schon zu verabscheuen und sprach bei sich selbst: «Mein Gott, was geschieht mit mir! Mußte mich auch mein Leichtsinn hierher treiben? Jetzt werde ich entdeckt, ich büße meine Ehre ein und das Wohlwollen des Kaisers. Wenn ich nur mit dem Leben davonkomme! Unmöglich, es ist sicher, ich bin des Todes. O ich Narr, ich größter Tor von allen! Ich hab's doch gewußt und bin doch in diese Falle gegangen. Was sind das, Liebesfreuden, wenn man sie so teuer erkaufen muß! Kurzer Genuß, lange Reue. Mit unglaublichem Wahnwitz wollen wir oft nicht kurze Mühe darauf wenden, dauernden Genuß zu erwerben. Um der Liebe willen, deren Glück dem Rauche verglichen werden kann, machen wir uns selbst die unendlichsten Ungelegenheiten. So ich selber. Jetzt werde ich allen ein warnendes Beispiel sein; alles wird über mich reden; wie das ausgehen soll, weiß ich nicht. Wenn einer der Götter mich von hier erlösen wollte – nie wieder geh ich der Liebe in die Falle. O mein Gott, rette mich! Verschone mich, ich bin noch so jung. Rechne mir meine Unüberlegtheit nicht an, laß mich am Leben, damit ich für meine elende Handlungsweise Buße tun kann. Lucretia hat mich nie geliebt, sie hat mich bloß wie einen Hirsch im Netz fangen wollen! Jetzt ist die Stunde gekommen, niemand kann mir mehr helfen, außer du, mein Gott. Oft hab ich reden hören von den Listen der Weiber und hab ihnen dennoch nicht auszuweichen gewußt. Aber wenn ich nur jetzt davonkomme – nie wieder sollen mich die Künste eines Weibes verführen!»

IN NICHT MINDER schrecklicher Lage befand sich Lucretia, nur fürchtete sie nicht bloß für sich, sondern auch für den Geliebten. Aber wie ja die Frauen in plötzlichen Gefahren viel mehr Geistesgegenwart an den Tag legen als die Männer, so zeigte ihr auch ihre verzweifelte Lage selbst den Ausweg. «Warte», sagte sie, «hier über dem Fenster hab ich ein Kästchen, ich erinnere mich, du hast darin einige Dokumente aufgehoben. Wir wollen doch nachsehen, ob etwa die Urkunden dabei sind.» Sie nahm es rasch herab, wie um es zu öffnen, ließ es aber scheinbar unabsichtlich aus dem Fenster fallen. «O je!» rief sie, «lauf, damit nichts geschieht! Das Kästchen ist hinuntergefallen, schnell, schnell, damit nicht ein Schmuckstück oder Schriften verlorengehen. Geht doch, beide geht! Was steht ihr herum! Ich werde es vom Fenster aus nicht aus den Augen lassen, damit man nichts stehlen kann.»

Da habt ihr die Frechheit eines Weibes. Geh einer und glaube den Weibern! Niemand ist so schlau, daß er nicht betrogen werden könnte. Nur der wurde nicht hintergangen, den die Frau nicht betrügen wollte. Und unser Glück verdanken wir immer nur dem Zufall, nie uns selber.

MENELAUS UND BERTUS stürzten denn auch sofort hinab auf die Gasse. Das Haus war, nach toskanischer Bauart, ziemlich hoch, sie mußten viele Stufen hinunterlaufen, so daß Euryalus Zeit hatte, sein Versteck mit einem anderen, das ihm Lucretia vorschlug, zu vertauschen. Inzwischen sammelten die beiden Schmuckstücke und Schriften auf, und weil sie die gesuchte Urkunde nicht fanden, machten sie sich über die Nische her, in der eben noch Euryalus gesteckt hatte; hier machten sie das Gewünschte ausfindig, grüßten Lucretia und gingen. Sie schob sofort den Riegel vor die Tür und rief: «Komm heraus, Euryalus, komm heraus, mein Leben! Komm, Gipfelpunkt meines Glücks, komm, Quell meiner Freuden, du Honigsüßer, du Süßigkeit, die mit nichts zu vergleichen ist! Jetzt ist alles sicher, jetzt können wir plaudern, wie es uns gefällt, niemand sieht uns, wenn wir uns umschlingen! Das Schicksal hat uns unsere Küsse mißgönnt, aber die Götter sahen unsere Liebe und wollten so treue Liebende nicht im Stiche lassen. Komm jetzt in meine Arme, es ist nichts mehr zu fürchten – was stehst du, was besorgst du? Ich bin es, deine Lucretia! Was zauderst du, Lucretia zu umarmen?»

ALS EURYALUS ENDLICH den Schrecken verwunden und sich gefaßt hatte, umschlang er die schöne Frau: «Noch nie hab ich solche Angst ausgestanden, aber du bist es wert, daß man um dich so etwas durchmacht. Es gibt niemanden, der diese Küsse, diese Umarmungen wirklich verdient, und auch ich, um die Wahrheit zu gestehen, erkaufe dies Glück nicht teuer genug! Könnte ich nach dem Tode leben und mich deiner erfreuen, tausendmal wollt ich sterben, wenn man um diesen Preis deine Gunst erkaufen könnte. Du mein Glück, mein Glück, meine Seligkeit, seh ich dich denn wirklich, ist es denn wahr, halt ich dich da oder täuscht mich ein nichtiger Traum? Ja ja, du bist es, ich habe dich!» Lucretia war mit einem weißen Obergewand bekleidet, das faltenlos von den Gliedern hing und weder die Formen der Brust noch der Hüften verbarg. Und wie sie gebildet war, das zeigte sich auch: ihr Hals war weiß wie Schnee, ihre Augen strahlten wie die Sonne, sie blickte heiter; ihr Antlitz leuchtete, ihre Wangen trugen die Farben von Lilien und Rosen, ihr Mund lächelte süß und schüchtern, ihr Busen war breit und ihre Brüste, zwei Orangen

Lucretia war mit einem weißen Obergewand bekleidet, das faltenlos von den Gliedern hing und weder die Formen der Brust noch der Hüften verbarg.

vergleichbar, erhoben sich sanft schwellend und wogten und bebten vor Verlangen. Diesen Reizen konnte Euryalus nicht länger widerstehen, alle Furcht vergaß er, gab alle Zurückhaltung auf und bedrängte die schöne Frau: «Jetzt wollen wir die Frucht der Liebe pflücken!» und schickte sich an, seine Worte in die Tat umzusetzen. Allein sie leistete Widerstand, sie müsse auf ihre Ehre, auf ihren guten Namen bedacht sein; und mehr als gute Worte und Liebkosungen dürfe sie ihm nicht gewähren. Euryalus lächelte und erwiderte: «Entweder man weiß es, daß ich hergekommen bin, oder man weiß es nicht. Wenn man's weiß, so wird kein Mensch denken, daß nichts geschehen wäre; und es wäre doch ein Unsinn, in üblen Ruf für etwas zu kommen, was man nicht einmal getan hat. Und wenn wir unbemerkt geblieben sind, so wird auch dies niemand wissen. Und ich will den Liebeslohn empfangen, ich sterbe lieber, ehe ich ihn entbehre.» «Aber es ist nicht recht», meinte Lucretia verschämt. «Nicht recht», antwortete

Euryalus, «ist einzig: das, was man hat, nicht auch auszunützen. Soll ich mir die günstige Gelegenheit, die ich so gewünscht, so ersehnt habe, entwischen lassen?» Und schon streifte er ihr das Kleid vom Leibe; noch wehrte sich die schöne Frau, aber sie wollte unterliegen; und so brachte er sie in seine Gewalt. Und sie genossen zu haben, erzeugte nicht, wie bei Amon der Besitz der Thamar, Sättigung, sondern fachte noch heftigere Begierde an. Schließlich aber dachte Euryalus, wie gefährlich die Sache doch sei, und nachdem er noch gegessen und getrunken hatte, verließ er die Lucretia, sehr wider ihren Willen. Und niemand schöpfte Verdacht, weil man ihn für einen Lastträger ansehen mußte.

EURYALUS WUNDERTE sich über sich selbst, während er nach Hause ging, und sprach bei sich: «Wenn mir jetzt der Kaiser begegnete und mich erkennte, wie würde ihn dieser Anzug argwöhnisch machen, wie würde er mich auslachen! Allen wäre ich ein Geschwätz und Gespött! Er ließe mich nicht aus, ehe er alles wüßte. Ich müßte ihm sagen, was diese ärmliche Kleidung soll. Aber ich müßte lügen, ich müßte nicht diese, sondern eine andere vornehme Dame angeben. Denn sie gefällt ihm selber sehr, ich dürfte ihm meine Liebe nicht anvertrauen. Und nie brächte ich's über mich, Lucretia zu verraten, die mich so lieb aufgenommen hat.» Unter diesen Gedanken bemerkte er, daß Nisus, Achates und Palinurus ihn besuchen wollten, und ging an ihnen vorbei, und erst zu Hause erkannten sie ihn, als er sich umgekleidet hatte. Und da erzählte er ihnen sein Abenteuer. Und je nachdem er seiner Ängste und seines Glücks gedachte, war er verschreckt oder überglücklich. Und ganz der Erinnerung an die kaum bestandene Gefahr hingegeben, rief er aus: «Ich Narr! Mein Leben um ein Weib zu wagen! Das hat mein Vater nicht gemeint, als er mich ermahnte, nie einem Weibe zu trauen. Denn das Weib, sagte er, ist ein unzähmbares

Und schon streifte er ihr das Kleid vom Leibe; noch wehrte sich die schöne Frau, aber sie wollte unterliegen.

Tierchen, treulos, launenhaft, grausam, voll tausenderlei Gelüsten! Und ich konnte diese guten väterlichen Lehren vergessen und mich einem Frauenzimmer ausliefern. Wenn mich nun jemand erkannt hätte, wie ich den Mehlsack schleppte, was dann? Welche Schmach, welche Schande wäre das für mich und meine Nachkommen gewesen. Der Kaiser hätte mich fallenlassen als einen leichtsinnigen und verrückten Menschen. Wäre das leichtzunehmen gewesen? Oder wenn mich der Gatte in einer Nische gefunden hätte. Die lex Julia verfährt hart gegen Ehebrecher. Und außerdem, die Rache eines gekränkten Ehemanns straft noch empfindlicher als das Gesetz. Der eine ermordet den ertappten Ehebrecher; der andere prügelt ihn tot. Setzen wir aber immerhin den Fall, daß der Mann mein Leben geschont hätte. Hätte er mich ins Gefängnis werfen lassen oder dem Kaiser als einen Schurken zur Bestrafung ausgeliefert? Sagen wir, daß ich ihm hätte entwischen können, weil er unbewaffnet war und an meiner Seite doch mein treues Schwert hing. Aber er hatte ja einen Begleiter, und an der Wand hingen Waffen, man brauchte nur danach zu greifen! Das Haus steckt voller Dienerschaft, man hätte gleich Lärm geschlagen, die Ausgänge verschlossen, und dann wäre ich verloren gewesen. Ich Wahnsinniger! Nicht meine Findigkeit hat mich gerettet, sondern ein bloßer Zufall. – Wirklich ein Zufall? Nein, nein, einzig das Genie der Lucretia. O du treues Weib, du umsichtige Geliebte, wundervolles Verhältnis! Warum sollt' ich dir mißtrauen, mich dir nicht in die Hände legen! Hätt ich nicht einen, hätt ich tausend Köpfe zu verlieren, ich würde sie dir anvertrauen. Du bist verläßlich, du bist schlau, du bist gescheit. Du kannst lieben und zugleich über dem Geliebten wachen. Wem fiele so geschwind etwas ein, daß er mir die, die mich suchten, vom Halse schafft, wie du es ausgedacht hast? Du hast mir das Leben gerettet, dir soll es dann auch geweiht bleiben. Nicht mir, sondern dir gehört es, solang ich atme! Für dich könnt ich es ohne weiteres opfern, weil ich es dir verdanke. Du hast alles Recht über mein Leben und alle Gewalt über meinen Tod. Ach, du weiße, schimmernde Brust, du süßes Züngelchen, ihr lieben Augen! Du kluges Köpfchen, ihr marmornen Glieder voller Leben, wann werd ich euch denn wiedersehen? Wann wieder in diese korallenen Lippen beißen, wann wieder das zitternde Züngelchen in meinem Munde spüren und wann wieder mit diesen Brüsten meine Hände füllen? Achates, du hast keinen Begriff davon, wie schön sie ist. Je besser man sie kennt, desto schöner ist sie. Wärst du bei mir gewesen! Kandaules, der König von Lydien, hatte keine so schöne Frau wie diese. Ich wundere mich gar nicht, daß er sie seinem Freunde nackt zeigen wollte, um dadurch noch mehr Genuß zu haben. Ich würde sofort dasselbe tun; wenn ich könnte, möchte ich dir Lucretia nackt zeigen. Denn auf andere Art kann ich dir nicht deutlich machen, wie herrlich schön sie ist, noch kannst du ermessen, welches Glück ich genossen habe. Aber freu dich wenigstens mit mir, daß mir eine größere Wonne zuteil wurde, als ich mit Worten ausdrücken kann.»

So plauderte Euryalus zu Achates; und Lucretia dachte nicht weniger an ihr Glück, nur konnte sie es nicht dadurch steigern, daß sie es jemandem anvertraute. Dem Sosias alles zu erzählen, hätte sie sich doch geschämt.

NUN BEGAB ES SICH, DASS Pacorus, ein ungarischer Ritter, ein vornehmer Mann im Gefolge des Kaisers, sich in Lucretia verliebte. Und da er selbst ein hübscher Mensch war, hielt er Gegenliebe für selbstverständlich. Denn wie unsere Damen pflegen, zeigte sie allen ein freundliches Gesicht: das ist ein Kunstgriff oder vielmehr eine List, damit man ja nicht herausbekäme, wen sie wirklich liebte. Pacorus war ganz benommen, und es ließ ihm keine Ruhe, die Gesinnung der Lucretia zu wissen. Nun suchen die vornehmen Damen in Siena des öfteren eine Kapelle der heiligen Jungfrau auf, welche sie Bethlehem nennen; und eines Tages begab sich Lucretia, von zwei Dienerinnen und einer Kammerfrau begleitet, dorthin. Pacorus ging ihnen mit einem Veilchenstrauß nach, dessen Blätter vergoldet waren und der in seinem Grunde einen Liebesbrief auf einem winzigen Stückchen Papier barg. Das ist nichts Wunderliches, auch Cicero erzählt, er habe einmal eine so klein geschriebene Ilias gesehen, daß die ganze in einer Nuß Platz gehabt hätte. Pacorus also stellte sich vor und überreichte der Lucretia den Strauß, doch sie weigerte sich, ihn anzunehmen. Der Ungar wurde dringlicher und bat inständig. Da sagte die alte Kammerfrau: «Nehmt doch die Blumen an. Was ist denn weiter daran? Mit so einer Kleinigkeit könnt Ihr dem Offizier eine Freude machen.» Da folgte Lucretia ihrem Rat und nahm den Strauß an; aber schon nach wenigen Schritten schenkte sie ihn einer von den Dienerinnen. Bald darauf begegneten sie zwei Studenten, welche die Veilchen ohne viel Zureden von dem jungen Mädchen erhielten; und als sie den Strauß auseinandernahmen, fanden sie zwischen den Stengeln das Liebesgedicht. Nun standen die Studenten sonst bei unseren Damen in Gunst, aber als der kaiserliche Hof nach Siena kam, da kamen sie aus der Gnade und galten gar nichts mehr, weil die Frauen jetzt am Waffenklang mehr Gefallen fanden als an den Finessen der Literatur. Die Studenten wurden sehr eifersüchtig und suchten Mittel und Wege, den Soldaten einen Streich zu spielen. Sowie sie das mit den Veilchen entdeckt hatten, eilten sie zu Menelaus und gaben ihm den Brief zu lesen. Dieser lief sofort erbittert zu seiner Frau, fuhr sie an und schrie das ganze Haus voll. Seine Frau erklärte sich für unschuldig, setzte ihm den Vorfall auseinander und rief ihre Kammerfrau als Zeugin her. Die Sache kommt vor den Kaiser, man führt Beschwerde, und Pacorus wird vorgeladen. Er bekennt, bittet um Entschuldigung und schwört einen Eid, er würde Lucretia nie mehr behelligen. Allein er war überzeugt, Jupiter zürne schlimmen Streichen von Verliebten nicht, sondern begleite sie mit seinem Lächeln; und so gab er sich seiner vergeblichen Leidenschaft nur noch mehr hin. Es kam gerade der Winter, er verbannte den Südwind und ließ nur den Boreas wehen. Es begann zu schneien, die ganze Stadt rüstete sich zu Wintervergnügungen. Auf den Straßen warfen die Damen Schneebälle, die jungen Herren in die Fenster. Diese Gelegenheit ergriff Pacorus: er umkleidete einen neuen Brief mit Wachs, formte darum einen Schneeball und warf ihn der Lucretia ins Fenster. Wer wird nun ableugnen, daß der Zufall alles regiert? Und wer wünschte nicht, daß er ihm günstig sei? Eine glückliche Stunde hat mehr Wert als ein Empfehlungsbrief, den Venus selber an Mars geschrieben. Es heißt freilich, dem Weisen vermöchte das Schicksal nichts anzuhaben. Das lasse ich für die unter den Weisen gelten, die ihr ganzes Glück in die Tugend gesetzt haben; die in Armut, in Krankheit und selbst ins Pferd des Phalaris eingeschlossen, sich für glücklich halten; – freilich hab ich einen solchen Menschen nie gesehen, kann auch nicht glauben, daß es je einen solchen gegeben hätte. Das tägliche Leben bedarf der Gunst des Glücks. Welche es will, bringt es in die Höhe, welche es will, unterdrückt es. Was fehlte dem Pacorus? Nichts als Glück. War es nicht etwa ganz schlau, zwischen die Stengel der Veilchen ein Briefchen einzubinden und jetzt den Brief durch Güte des Schneeballs zu übersenden? Vielleicht wendet man ein, er hätte es vorsichtiger anpacken sollen; aber man hätte ihn für vorsichtig und sehr schlau erklärt, wenn seine Pläne auch gelungen wären. Das Mißgeschick wollte es, daß Lucretia den Schneeball fallen ließ und er zum Kamin rollte, wo der Schnee zerging, das Wachs zerging und der Brief zum Vorschein kam, den die Dienerinnen, die sich dort wärmten, sofort dem eben anwesenden Menelaus vorlasen. So kam es zu einem neuen Skandal, dem sich Pacorus durch die Flucht entzog.

Diese Affäre kam aber dem Euryalus zustatten, denn da der Gatte jetzt alles, was Pacorus tat, überwachte, hatte Euryalus freien Spielraum, und es erwies sich das Sprichwort als wahr: Wem viele nachstellen, der ist schwer zu behüten.

NACH DEM ERSTEN LIEbesgenuß ersehnten die Verliebten eine zweite Vereinigung. Zwischen dem Haus der Lucretia und dem benachbarten Gebäude befand sich bekanntlich eine ganz schmale Gasse, wenn man jeden Fuß an eine andere Wand aufstützte, war der Aufstieg zu Lucretias Fenster nicht schwierig. Aber das konnte man bloß in der Nacht unternehmen. Menelaus mußte nun aufs Land und sollte dort übernachten, und diesen Tag konnten die Liebenden wie ein Freudenfest kaum erwarten. Man traf eine Verabredung. Euryalus verkleidete sich und fand sich in dem Gäßchen ein. Menelaus hatte dort einen Stall, den Euryalus auf Anweisung des Sosias betrat: er ver-

Nach dem ersten Liebesgenuß ersehnten die Verliebten eine zweite Vereinigung.

steckte sich im Heu und erwartete die Nacht. Da kam Dromo, der zweite Diener des Menelaus, der die Pferde zu besorgen hatte, und nahm Heu von dort, wo Euryalus lag, nahm immer mehr auf und hätte Euryalus mit der Heugabel gespießt, wäre nicht Sosias dazwischengekommen. Er merkte die Gefahr und sprach: «Lieber Freund, überlaß mir diese Arbeit. Ich werde den Pferden das Futter geben, du schau inzwischen nach, ob unser Abendessen fertig ist. Gott sei Dank, daß der Herr fort ist! Bei der Frau haben wir's besser als bei ihm. Sie ist nett und freundlich, er ist jähzornig, schreit uns an, ist geizig und unerbittlich. Nie hat man's gut, wenn er da ist. Du weißt, wie bei ihm unsere Mägen krachen. Er selbst hungert, damit er nur uns hungern lassen kann, nicht einmal die winzigen Krumen schimmeligen Brotes gönnt er uns, schließt ein, was gestern übriggeblieben ist, bei jeder Mahlzeit knickert er mit Flußfischen und Heringen, ja den Schnittlauch zählt er genau nach und sperrt den Rest ein, daß nur niemand darüber kommt! Pfui, wer durch solche Schäbigkeit reich wird. Es ist ja zu dumm, wie ein Bettler zu leben, um dann als reicher Mann sterben zu können! Um wieviel gütiger ist die gnädige Frau. Die bewilligt uns Kalbs- und Lammbraten, Hühner sogar und Tauben und Wein genug. Geh, Dromo, sieh nach, daß wir heute ordentlich zu essen haben.» «Ich geh schon», antwortete Dromo, «ich sitze auch lieber bei Tisch, als daß ich die Pferde strähle. Heut hab ich den Herrn hinaus aufs Land begleitet. Hol ihn der Teufel! Nicht ein Wörtchen hat er mit mir geredet, außer am Abend, als er mich zurückschickte zu den Pferden und der gnädigen Frau sagen ließ, daß er heute nacht nicht zurückkäme. Es gefällt mir von dir, Sosias, daß auch dir diese Art des Herrn endlich zuwider wird; ich hätte schon längst den Dienst gewechselt, wenn mich nicht die gnädige Frau mit manchem guten Bissen schadlos hielte. Heute nacht gehen wir nicht schlafen! Bis Tagesanbruch wollen wir trinken und schmausen. Ah, der gnädige Herr soll uns in einem ganzen Monat nicht so viel abknausern, wie wir bei einem Nachtmahl verzehren.» Euryalus hörte das mit Befriedigung an, obwohl er sich Dienerart merkte und nicht bezweifelte, daß es bei ihm zu Hause auch nicht anders zuginge, wenn er weg wäre. Sowie Dromo draußen war, stand er auf und sagte: «Dir, Sosias, werd ich diese schöne Nacht zu danken haben, der du mich hergeführt und auch meine Entdeckung so trefflich verhütet hast. Du bist ein braver Mann, und ich hab dich gern, und du wirst schon sehen, daß ich dir dankbar bin.» Die vereinbarte Stunde war gekommen, und der glückliche Euryalus, schon zwei Gefahren glücklich entronnen, erklomm die Mauer und stieg durch das Fenster ins Zimmer, wo ihn Lucretia, beim Kamin sitzend, mit einem reichlichen Imbiß bereits erwartete. Sowie sie ihren Geliebten sah, sprang sie auf und stürzte in seine Arme. Sie liebkosten und küßten sich, mit vollem Segel flog man der Venus entgegen, und war Cytherea von der Schiffahrt ermüdet,

Sowie sie ihren Geliebten sah, sprang sie auf und stürzte in seine Arme.

erquickte sie bald Ceres, bald Bacchus.

ABER WIE WENIG ZEIT IST dem Genuß, wie viel der Sorge zugemessen! Kaum war Euryalus ein bißchen glücklich, so störte schon Sosias und brachte die Nachricht, Menelaus sei zurückgekommen. Euryalus erschrak und wollte sich davonmachen. Lucretia stellte den Tisch weg, ging ihrem Mann entgegen und begrüßte ihn: «Wie gut, daß du zurück bist! Ich hab wirklich schon geglaubt, daß du einem Landmädchen nachstellst. Was hast du so lange draußen gemacht? Gib nur acht, daß ich nicht Unrat wittere. Warum bleibst du nicht daheim, tust du mir's zu Fleiß, daß du mich durch dein Fernsein betrübst? Immer, wenn du weg bist, hab ich so Angst, daß du in irgendwen verliebt bist; man kennt doch euch Männer. Wenn du mir diese Furcht nehmen willst, so schläfst du nie mehr außer Haus, ja? Ohne dich hab ich doch eine schlechte Nacht. Aber jetzt wollen wir essen, dann gehn wir ins Bett.» Sie befanden sich eben in der Halle, wo die Familie zu speisen pflegte, und Lucretia bemühte sich, ihren Mann dort festzuhalten, um Euryalus Gelegenheit zur Flucht zu geben, wozu ja einige Zeit erforderlich war. Menelaus aber hatte draußen zu Abend gegessen und wollte sich gleich in das Schlafzimmer zurückziehen.

Da sprach Lucretia: «Du liebst mich nicht mehr! Warum ißt du nicht lieber bei mir zu Hause? Ich habe, weil du mir fehltest, heute nichts gegessen und nichts getrunken. Übrigens waren Landleute aus Rosalia hier, sie brachten irgendwelchen Wein, sie sagten,es wäre der beste trebianische. Ich war zu verstimmt, um ihn zu kosten. Jetzt aber bist du da, da wollen wir in den Keller gehen, ist es dir recht, und den Wein kosten, ob er denn wirklich so gut ist, wie sie sagen.» Unter diesen Worten nahm sie mit der Rechten eine Lampe, mit der Linken faßte sie ihren Gatten unter und führte ihn in den tiefsten Keller. Hier schüttelte sie bald diese, bald jene Flasche und kostete mit ihrem Mann, bis sie meinte, Euryalus müßte schon weg sein. Jetzt erst bequemte sie sich zu der verhaßten ehelichen Pflicht. Euryalus kam, unbefriedigt von dieser Nacht, nach Hause.

AM ANDERN MORGEN ließ Menelaus, ob er nun bloß vorsichtig sein wollte oder seine Verdachtsgründe hatte, das Fenster zumauern. Wie schon unsere Landsleute bei ihrem Argwohn auf alles mögliche verfallen, so mochte auch Menelaus bemerkt haben, wie die Lokalität gar zu bequem war, zu seiner Gattin zu gelangen, und, da er ihr ohnedies nicht traute, wollte er es unmöglich machen. Er wußte zwar nichts Sicheres, aber es war ihm natürlich nicht verborgen geblieben, daß man sie nicht in Ruhe ließ und sich ihr mit vielen Bitten näherte, und er kannte auch den unverläßlichen Sinn der Frauen, welche so viele Launen haben, wie es Blätter auf den Bäumen gibt. Denn das weibliche Geschlecht verlangt Abwechslung und liebt selten den Mann, den es immer haben kann. Er betrat also den Weg, den die meisten Ehemänner gehen: sie meinen, wenn nur recht aufgepaßt wird, so kann nichts geschehen. So war die Möglichkeit zusammenzukommen den Verliebten genommen, und auch Briefe zu schicken ging nicht mehr an, denn auch der Wirt jener Schenke hinter Lucretias Haus, von wo aus Euryalus mit Lucretia sprechen und ihr Briefe zuwerfen konnte, wurde auf Veranlassung des Menelaus hin von der Stadtverwaltung aufgehoben. Es blieb ihnen nichts, als sich zu sehen und sich zuzuwinken; der letzten Liebesfreuden konnten sie sich nicht mehr erfreuen. Beiden war es, als ob sie den Tod erlitten, denn sie konnten ihre Liebe nicht vergessen noch sich ihr überlassen. Wie also Euryalus hin und her dachte, was zu tun wäre, fiel ihm ein, was ihm Lucretia über den Pandalus, den Vetter des Menelaus, geschrieben hatte, und den erfahrenen Ärzten gleich, die bei gefährlichen Krankheiten jedes Mittel anwenden und lieber zum Äußersten greifen als der Krankheit ihren Lauf lassen, entschloß er sich, den erst abgelehnten Versuch doch zu machen. Er bat ihn also zu sich, führte ihn in einen abgelegenen Raum des Hauses und fing an:

SETZ DICH, LIEBER Freund – ich habe eine wichtige Sache mit dir zu besprechen, wobei ich gerade die Eigenschaften in Anspruch nehmen möchte, mit denen ich dich ausgestattet weiß: Rührigkeit, Verläßlichkeit und Schweigsamkeit. Schon lang wollte ich es dir sagen, aber ich kannte dich noch nicht genug dazu. Jetzt kenne ich dich: du bist ein Mann von erprobtem Charakter, und wüßte ich sonst nichts von dir, so würde es mir genügen, daß deine Umgebung dich allgemein lobt und meine Bekannten, mit denen du Freundschaft geschlossen hast, mich aufklärten, wer du bist und wie ich dich einzuschätzen habe. Man hat mir nun hinterbracht, daß du mein Wohlwollen zu besitzen wünschest; du hast es bereits und bist dessen nicht minder würdig als ich des deinen. Und da wir nunmehr als Freunde verkehren, werde ich dir jetzt auseinandersetzen, was ich will. Es ist dir bekannt, wie sehr das menschliche Geschlecht auf Liebe erpicht ist – ob dies nun ein Vorzug ist oder ein Mangel. Überall kommt es vor, und wer überhaupt ein Herz im Leibe hat, wird auch einmal Liebe empfinden. Nicht der höchstheilige David, nicht der weise Salomo, nicht der König Samson blieben verschont. Es liegt nun im Wesen der Liebe, daß man um so heftiger entbrennt, je größere Hindernisse sich einem entgegenstellen. Und für dieses Leiden gibt's kein anderes Heilmittel, als den geliebten Gegenstand möglichst viel um sich zu haben. Männer und Frauen hat es gegeben, sowohl zu unserer Zeit als zu der unserer Vorfahren, die gaben dadurch, daß sie nicht zusammenkommen konnten, den Anlaß zu schrecklichem Blutvergießen. Andererseits aber haben viele nach öfterem Liebesgenuß sich auch beschwichtigt. Es ist das klügste, wenn man dies rasende Verlangen schon in sich hat, ihm nachzugeben. Denn wer gegen den Sturm steuert, wird Schiffbruch leiden, und wer sich nach ihm richtet, der bleibt am Leben. Ich möchte dich nun von meiner Liebe verständigen und dich bitten, etwas für mich zu tun. Welchen Erfolg das immer hat, ich werde dir nichts verschweigen, ich spreche zu dir schon wie zu einem andern Ich. Ich liebe Lucretia – aber nicht ich, lieber Pandalus, darf dafür zur Rechenschaft gezogen werden, sondern nur der Zufall, der ja die ganze Welt regiert. Ich habe die Sitten und Gewohnheiten dieser Stadt nicht gekannt. Ich war der Meinung, daß die Frauen das, was in ihren Augen zu lesen ist, auch wirklich empfinden. Aber eure Frauen fordern heraus und lieben nicht. Und darin hab ich mich geirrt. Ich meinte nämlich, Lucretia liebte mich, weil sie mich mit freundlichen Augen ansah, begann mich in sie zu verlieben und hielt es einer so vornehmen Dame nicht für würdig, einen zum Narren zu halten. Ach, ich hab weder dich noch dein Geschlecht gekannt! Ich liebte sie und hielt mich für geliebt. Denn nur wer aus Stein oder aus Eisen ist, bleibt kalt, wenn er sich geliebt sieht. Als ich jedoch die Fopperei merkte und sah, daß ich recht hineingefallen war, da wollte ich nicht, daß meine Liebe vergeblich wäre, und strengte mich an, sie ihrerseits in Flammen zu setzen und so Gleiches mit Gleichem zu vergelten. Selbst zu brennen und nicht zu entflammen – das quälte und beschämte mich, das peinigte mich in unerhörtem Maß Tag und Nacht. Aber es ist mir gelungen. Ich hab es dahin gebracht, daß die Liebe in uns beiden gleich groß wurde. Sie ist entflammt, ich glühe – und wir müssen beide sterben und sehen kein Mittel, unser Leben so fortzusetzen. Außer du hilfst uns. Ihr Mann und sein Bruder beaufsichtigen sie. Der Drache hat das goldene Vlies nicht so eifersüchtig bewacht und nicht Zerberus den Zugang zum Orkus, wie man sie behütet! Ich kenne ja eure Familie. Ich weiß, ihr gehört zu den ersten in der Stadt, seid reich, mächtig und hochgeehrt. Hätte ich diese Frau nur nie kennengelernt! Aber wer kann etwas für sein Schicksal? Nicht ich hab sie mir erkoren – der Zufall hieß mich sie lieben. So steht die Sache also – noch ist sie geheim geblieben, aber wenn man sie nicht sehr behutsam anfaßt, so kann ein großes Unglück – die Götter mögen es verhüten – daraus entstehen. Vielleicht könnte ich mich ja beruhigen, wenn ich einfach abreiste – mir wäre es fürchterlich, aber eurer Familie würde ich wohl einen großen Dienst erweisen. Wenn es nämlich nur was nützte. Aber ich kenne ihre Leidenschaft. Entweder läuft sie mir nach, oder, wenn sie gezwungen ist zu bleiben, bringt sie sich um, was für euer Haus eine unauslöschliche Schmach bedeuten würde. Das wollte ich dir sagen, deshalb habe ich dich zu mir gebeten: es liegt in eurem Interesse, hier ein Unglück zu verhüten, und es gibt keinen anderen Ausweg, als daß du dich unserer Liebe annimmst und Sorge trägst, daß sich alles im geheimen abspielt. Ich lege mein Schicksal vertrauensvoll in deine Hände. Unser Verlangen muß gestillt werden, wenn es nicht durch Widerstand noch höher entfacht werden soll. Ermögliche es doch, daß wir heimlich zusammenkommen; dann werden wir uns mäßigen können. Du kennst die Eingänge in das Haus, du weißt, wann der Gatte fort ist, du weißt, auf welche Weise du mich hineinschmuggeln kannst. Und der Bruder des Gatten müßte weggeschafft werden, der fürchterlich argwöhnisch ist und Lucretia bewacht, als ob er für sie verantwortlich wäre; auf jedes Wort, jeden Blick, ihr Seufzen, Räuspern, Husten und Lachen paßt er auf. Der muß zum Narren gehalten werden, und ohne dich ist das nicht möglich. Komm also und verständige mich davon, wenn der Mann fort ist; und wenn sein Bruder dableibt, so beschäftige ihn, damit er sie nicht fortwährend überwacht oder andere Wächter aufstellt. Dir traut er, und vielleicht gäbe er dir sogar diesen Auftrag – wenn du ihn übernehmen und mir wirklich beistehen wolltest, wie ich hoffe, dann ist die Sache ja gemacht. Du könntest mich doch, wenn alles schläft, einschmuggeln und meinen Liebeskummer heilen. Was das für Vorteile hätte, das wirst du bei deiner Klugheit nicht unterschätzen. Vor allem rette die Ehre deines Hauses, indem du eine Liebesaffäre vertuschst, die nicht, ohne eurem Ansehen sehr zu schaden, öffentlich würde. Du erhältst deine Cousine am Leben und dem Menelaus seine Gattin; denn wenn sie eine Nacht mit mir zubringt, ohne daß jemand was davon weiß, so schadet ihm das nicht so viel, wie wenn sie vor aller Welt ihn verläßt und mir nachläuft. Ist doch auch die Gattin eines römischen Senators, Hippia, einem Gladiator nach Ägypten, nach der wohlbekannten Stadt Pharus, nachgegangen. Und ich bin vornehm und mächtig. Wenn Lucretia nun durchaus mit mir gehen will, was dann? Welche Schande für eure Familie, wie würde sich die gesamte Öffentlichkeit amüsieren! Und schließlich wäre es nicht für euch allein, sondern für die ganze Stadt eine wahre Schmach. Vielleicht ist jemand der Ansicht, ein Weib, das so etwas anstellt, müßte sofort erschlagen oder vergiftet werden. Aber wehe dem, der sich mit Blut befleckt und ein kleines Vergehen mit einem Verbrechen ahndet. Der Schaden soll ja nicht größer, sondern verringert werden. Es handelt sich nicht darum, von zwei guten Dingen das bessere zu wählen, auch nicht, sich für das Gute oder für das Schlechte zu entscheiden, sondern von zwei Übeln das geringere zu wählen. Dieser ganze Weg ist ja gefahrvoll, aber das, was ich vorschlage, hat noch die wenigsten Schwierigkeiten, und du sorgst nicht nur für dein Haus, sondern hilfst auch mir; und ich, ich bin ganz außer mir, weil ich Lucretia um meinetwillen leiden sehe; ich möchte ihr wahrhaftig lieber ein Abscheu sein, ehe ich an dich mit meiner Bitte herantrete. Aber schließlich ist die Sache eben dahin gediehen; kannst du das Fahrzeug nicht steuern mit deiner Geschicklichkeit, deiner Sorgfalt, deinem Verständnis und deinem Wohlwollen – ja, dann ist alles verloren. Hilf also, rette jene, mich und dein Haus. Du wirst mich erkenntlich finden. Du weißt, was ich beim Kaiser gelte; hast du einen Wunsch, so erfülle ich ihn. Vor allem möchte ich dir das feste Versprechen geben, daß du Pfalzgraf wirst und deine gesamte Nachkommenschaft mit diesem Titel erfreuen kannst. Und so vertraue ich dir Lucretia und mich und unsere Liebe und unseren guten Ruf und die Ehre deines Hauses an. Entscheide dich, es kommt alles nur auf dich an. Du kannst es zum Guten oder zum Bösen wenden.»

PANDALUS LÄCHELTE und antwortete nach einer kleinen Pause: «Wäre das alles doch nie geschehen, liebster Euryalus! Aber die Sache ist, wie du sagst, so weit gediehen, daß ich gezwungen bin, nach deinem Vorschlag zu handeln, wenn ich nicht will, daß die Ehre meines Hauses befleckt wird und ein riesiger Skandal entsteht. Wenn ich nicht eingreife, so stürzt sie sich noch ins Schwert oder aus dem Fenster, ihr Leben und ihre Ehre sind ihr ja schon gleichgültig. Sie hat mich übrigens selbst in ihre Liebe eingeweiht. Ich sagte ihr ganz offen meine Meinung; suchte sie zu beschwichtigen, aber ich richtete nichts aus. Nichts hat Wert für sie außer dir, sie denkt einzig an dich, du allein liegst ihr im Sinn, dich will sie, dich ersehnt sie, du beschäftigst ihre Gedanken. Oft rief sie mich an und sprach zu mir. ‹Ich bitte dich, hör einmal, Euryalus ...!› Diese Frau ist von der Liebe ganz verwandelt, sie ist nicht mehr dieselbe. Es tut mir weh! Denn keine in der ganzen Stadt war so rein und so klug wie Lucretia. Merkwürdig; warum doch die Natur der Liebe eine solche Macht über den menschlichen Geist eingeräumt hat. Ihr Leiden also muß gelindert werden, und es gibt wirklich kein anderes Mittel, als das du angegeben hast. Ich werde mich der Sache annehmen und dir den richtigen Augenblick bekanntgeben; für eine Erkenntlichkeit von deiner Seite aber danke ich, da ein anständiger Mensch nicht belohnt werden will, wenn er es nicht verdient. Ich tue es bloß, um die unserer Familie drohende Schmach abzuwenden – wenn dir dadurch gleichzeitig ein Gefallen geschieht, so ist das weiter kein Verdienst um dich.» – «Ich möchte dir aber meine Dankbarkeit beweisen», erwiderte Euryalus, «und dich, wie gesagt, zum Pfalzgrafen machen, außer du gibst auf diese Würde nichts.» «Doch, doch», sagte Pandalus, «aber ich möchte sie nicht dieser Sache verdanken. Wenn man sie mir verleiht, so freue ich mich, aber bedingungsweise handle ich da nicht. Am liebsten wäre es mir gewesen, wenn ich ganz ohne dein Wissen bei Lucretia deinen Anwalt gemacht hätte. Lebe wohl.» «So lebe denn wohl!» rief Euryalus, «du hast mir mein Leben wiedergeschenkt, nun handle, betrüge und erfinde, und setz es durch, daß wir endlich zusammenkommen.» «Du wirst zufrieden sein», erwiderte Pandalus und ging hocherfreut darüber, die Gunst eines solchen Mannes erworben zu haben, zumal er es kaum erwarten konnte, Pfalzgraf zu werden, worum ihm um so mehr zu tun war, je weniger er es sich merken ließ. Denn manche Männer benehmen sich da wie die Frauen, die, wenn sie etwas sehr gern hätten, meistens versichern, sie wollen es nicht.

SO WAR DIE PFALZGRAfenwürde der Lohn für Kuppelei, und die Nachkommen werden ihren Adelsbrief vorzeigen können. Lieber Mariano! Es gibt viele Abstufungen im Adel, und ich bin überzeugt, wenn Du nach dem Ursprung des Adels da und dort forschest, Du findest keinen oder doch nur sehr wenige, die ihren Adel nicht irgendeiner jämmerlichen Handlungsweise verdanken. Zunächst gelten doch die als vornehme Leute, die reich sind; Reichtum geht aber selten mit Anständigkeit Hand in Hand, und es ist klar, daß also Vornehmheit einen unlauteren Ursprung hat. Der wurde durch Wucher reich, jener durch Brandschatzung, ein dritter durch Verräterei und der da durch Giftmischerei, jener dort durch Erbschleicherei. Diese bereicherte sich durch Ehebruch, andere wieder durch Lügenhaftigkeit; manche machen mit ihrer Frau ein Geschäft, manche mit ihren Kindern, und viele durch Meuchelmord. Selten hat einer sein Vermögen auf anständige Weise erworben. Und niemand wird reich, als wer mit allen Salben geschmiert ist. Die Leute scharren Reichtümer zusammen und fragen nicht, woher sie kommen, sondern nur, wieviel zusammenkommt. Und allen paßt der Vers: Woher du's hast, danach fragt niemand; nur haben mußt du's. Wenn nun aber die Kasse gefüllt ist, dann möchte man den Adel haben; auf diese Art stellt er also nichts anderes vor als die Belohnung der Gemeinheiten. Auch meine Vorfahren gelten als Adelige. Doch das besticht mich nicht, meine Väter werden nicht besser gewesen sein als andere, und einzig das entschuldigt sie, daß das alte Geschichten sind und niemand mehr ihre Schändlichkeiten weiß. Ich glaube, nur der ist wahrhaft adelig, der

«Die Leute scharren Reichtümer zusammen und fragen nicht, woher sie kommen, sondern nur, wieviel zusammenkommt.»

anständig handelt. Mir flößen goldene Kleider keine Hochachtung ein, auch nicht schönes Gestüt oder schöne Hunde, Dienertroß, reichbesetzte Tafeln, Paläste aus Marmor, Villen und Landgüter, Fischereien, Gerichtsbarkeiten auf dem Lande und Besitz an Waldungen – alles das kann auch ein Narr besitzen, und wer den als adelig bezeichnet, der stellt sich selbst als Narren bloß. – Unser Pandalus verdankte seinen Adel der Kuppelei!

EINIGE TAGE DANACH gab es auf dem Lande, bei den Leuten des Menelaus, eine Rauferei, und einige, die zuviel getrunken hatten, wurden erstochen. Um diese Sache zu ordnen, mußte Menelaus fort. Da sprach Lucretia zu ihm: «Du bist auch nicht mehr der Stärkste, und alle deine Pferde sind so feurig; du solltest eines, das bequem schrittweise geht, nehmen.» Er zog dies in Erwägung, da meinte Pandalus: «Wenn ich mich nicht irre, so hat Euryalus ein solches, er wird es dir gerne zur Verfügung stellen; wenn du willst, so ersuche ich ihn darum.» «So bitt ihn», sagte Menelaus. Man ging Euryalus an und ließ sein Pferd vorführen; er hatte über diese Andeutung eine mächtige Freude und dachte still bei sich: «Du, Menelaus, wirst mein Pferd besteigen, ich aber werde deine Gattin reiten!» Man hatte verabredet, Euryalus sollte um zwölf Uhr nachts auf der Gasse sein und abwarten, bis er den Pandalus pfeifen hörte. Menelaus reiste ab, und schon dunkelte der Himmel. Seine Frau harrte im Schlafzimmer der Stunde. Euryalus lauerte vor dem Tore, aber das Zeichen ließ auf sich warten, er hörte keinen Pfiff und kein Räuspern. Schon war die Stunde vorbei. Achates riet ihm, zu gehen, er wäre ja nur gefoppt worden. Doch das fiel dem Verliebten zu schwer, und er machte bald den, bald jenen Grund, daß er bleiben müßte, geltend. Pandalus hatte nun nicht gepfiffen, weil der Bruder des Menelaus zu Hause geblieben war, alle Eingänge verwahrte, damit nichts geschehen könnte, und nicht daran dachte, schlafen zu gehen.

Da sagte Pandalus: «Gehen wir heute denn nicht schlafen? Die halbe Nacht ist vorbei, und ich bin furchtbar schläfrig. Ich wundere mich, daß du, ein so junger Mann, die Natur der Greise haben solltest: die zu ausgetrocknet sind, um Schlaf zu finden, und erst ein wenig gegen Morgen schlummern, wenn man schon bald wieder aufstehen muß. Gehn wir doch endlich zu Bett. Was hat diese Wachsamkeit für einen Zweck?» «So gehn wir», antwortete Agamemnon, «wenn du durchaus willst. Nur muß ich vorher die Türen inspizieren, ob sie gut genug verwahrt sind; es sollen mir nicht Diebe herein können.»

SIE GINGEN ZUM HAUStor, er legte noch diesen und jenen Riegel vor. Dann war dort noch eine große Eisenstange, die kaum zwei Mann heben konnten; da sagte er: «Ich bitte dich, hilf mir, Pandalus, ich möchte diese Stange noch ans Tor bringen, damit wir uns beruhigt aufs Ohr legen können.» Euryalus hörte ihn reden und sprach bei sich: «Alles ist aus, wenn dieses Eisen vorgelegt wird.» Aber Pandalus sagte: «Was fällt dir ein, Agamemnon? Du willst ja das Haustor verwahren, als ob wir in unserm Haus belagert würden. Sind wir in unserer eigenen Stadt nicht sicher? Und es ist doch eine freie Stadt, und es ist doch Frieden, und die Florentiner, mit denen wir in Fehde liegen, sind weit. Wenn du vor Dieben Angst hast, ist der Verschluß genügend. Vor Feinden aber kann dich dieses Haus überhaupt nicht schützen. Übrigens werde ich mir in dieser Nacht keine Last mehr aufbürden; denn mir tun die Schultern weh, und außerdem hab ich einen Bruchschaden und kann nichts Schweres stemmen. Entweder heb du es auf, oder laß es.» «Na, es genügt ja», sagte Agamemnon und ging schlafen. Da sprach Euryalus: «Ich werde noch hierbleiben, vielleicht macht doch jemand auf.» Den Achates verdroß das Warten, und er verwünschte im stillen den Euryalus, der ihn zu langer Schlaflosigkeit verurteilte. Doch alsbald wurde durch einen Spalt Lucretia sichtbar, sie trug eine kleine Lampe. Schleunigst trat Euryalus näher und sprach: «Lucretia, mein Herz, sei gegrüßt!» Sie erschrak jedoch und wollte zuerst fort, dann besann sie sich und fragte: «Wer ist da?» «Dein Euryalus!» sagte er. «Mach auf, meine Wonne, schon die halbe Nacht verstrich!» Lucretia erkannte seine Stimme, aber weil sie zuerst fürchtete, sie wäre verstellt, wagte sie nicht früher zu öffnen, als bis sie ihn an etwas erkannte, was nur sie beide wissen konnten. Jetzt schob sie mit großer Anstrengung die Riegel zurück. Aber weil noch zahlreiche eiserne Vorrichtungen das Tor verschlossen, an denen die Hand einer Frau nichts zu rühren vermochte, so brachte sie die Tür höchstens einen halben Fuß breit auf. «Das schadet nichts», sagte Euryalus, machte sich schmal und drängte sich hindurch; und schon hielt er die schöne Frau in seinen Armen. Achates blieb draußen als Wachtposten.

DA VERLOR PLÖTZLICH Lucretia, sei es aus übergroßer Furcht oder aus Übermaß der Freude, in des Euryalus Armen das Bewußtsein: sie wurde blaß, verstummte, die Augen fielen ihr zu, und man hätte sie für eine Leiche halten müssen, wären ihr nicht Körperwärme und Herzschlag geblieben. Dieser plötzliche Unfall erschreckte den Euryalus; er wußte nicht, was er tun sollte, und erwog bei sich: «Es wäre todeswürdig, jetzt zu gehen und diese Frau in ihrem Elend zu verlassen. Freilich, wenn ich bleibe, kann Agamemnon oder sonst wer vom Hause kommen, und dann bin ich verloren. Unselige Liebe, die du mir mehr Verdruß als Genuß bringst! Nicht einmal Wermut ist so bitter wie du. Wie viele Hindernisse hast du mir schon in den Weg gelegt, wie oft mich schon in Lebensgefahr gebracht, jetzt fehlte nur noch das, daß du mir in meinen Armen das Weib entseelst. Warum verdirbst du nicht lieber mich? Warum wirfst du mich nicht

Löwen vor? O wieviel wünschenswerter wäre es für mich, in ihrem Schoß zu sterben, als daß sie an meiner Brust veratmet.» Die Liebe aber gewann in seinem Herzen die Oberhand; er ließ die Sorge um das eigene Heil außer acht und blieb bei ihr. Er hob den leblosen Körper höher, küßte sie und weinte: «Ach, Lucretia! Wo bist du? Wo sind deine Ohren? Warum antwortest du nicht? Warum hörst du nicht? Öffne doch die Augen, ich beschwöre dich. Schau mich an, lach mich an wie sonst! Ich, dein Euryalus, bin da, dein Euryalus umfängt dich, mein Herz! Warum erwiderst du meine Küsse nicht? Bist du tot oder schläfst du bloß? Wo soll ich dich suchen? Wenn du schon sterben wolltest, warum hast du's mir nicht gesagt, daß ich zugleich mit dir sterbe? Wenn du mich nicht mehr hörst, oh, dann soll mir das Schwert ins Herz fahren und der Tod uns vereinigen. Mein Leben! Meine Süßigkeit, meine Lust, du meine einzige Hoffnung, du mein Frieden. Du bist noch nicht tot, ich seh's. Noch bist du warm, noch atmest du. Warum sprichst du nicht zu mir? So empfängst du mich? Zu solcher Lust lädst du mich ein? So eine Nacht gewährst du mir? Auf, ich bitte dich, meine süße Ruhestätte, sieh deinen Euryalus an. Ich bin da, Euryalus.» Unter solchen Reden benetzte er ihre Stirn und ihre Schläfe mit Tränen, welche wie Rosenwasser die schöne Frau ins Leben riefen. Wie aus tiefem Schlafe fuhr sie auf, erblickte den Geliebten und flüsterte: «Himmel, Euryalus, wo bin ich gewesen? Warum hast du mich nicht lieber sterben lassen, ich wäre in deinen Armen so schön gestorben. Könnt ich nur so hingehen, eh du diese Stadt verläßt!» Mit solchen Worten suchten sie das Schlafzimmer auf, wo sie eine Nacht hatten, wie sie vielleicht zwischen den beiden Liebenden war, als Paris die Helena zu seinen hohen Schiffen entführt hatte; und eine solche Nacht war es, wie sie so schön auch Mars und Venus nicht haben konnten. «Du bist mein Ganymedes, du mein Hippolytus und mein Diomedes!» rief Lucretia. «Und du bist meine Polixena», antwortete Euryalus, «du meine Emilia, du meine Venus selber!» Und er küßte ihr Mund, Wangen und Augen ab, und manchmal hob er die Decke und weidete sich an dem Anblicke der geheimen Teile, die er noch nicht gesehen hatte: «Ich finde Schöneres, als ich gedacht hatte!» rief er aus, «so schön schien die Diana dem Aktäon, als er sie im Bade belauschte. Was wäre so wohlgebildet, so weiß wie diese Glieder? Wie werd ich belohnt für alle Not! Um deinetwillen möchte man was immer durchmachen! O herrlicher Busen, und ihr Brüste, die ich presse, halt ich euch wirklich? Hab ich euch? Seid ihr mir endlich in die Hände gefallen? O und ihr runden Glieder. O duftender Körper, besitze ich dich denn wahrhaftig? Jetzt wäre es schön zu sterben, denn noch durchrieselt mich ganz das Glück, und es ist noch keine Not danach gekommen! Du mein Herzchen, halt ich dich, oder träum ich nur? Ist dieser Genuß wirklich oder gar nicht in meinem Bewußtsein? Nein, ich träume nicht, sicher geschieht das alles in Wahrheit. O süße Küsse, o himmlisches Umschlungensein, o honigfließendes Beißen! Es gibt niemand Glücklicheren, niemand Seligeren als mich. Aber du lieber Gott, vergehen die Stunden so schnell! Neidische Nacht, warum fliehst du? Bleib noch, Apollo, bleib noch lang bei den Unterirdischen! Warum spannst du so früh deine Rosse ins Joch, gönn ihnen doch noch ein wenig Fütterung. Gib mir eine Nacht, wie du sie der Alkmene gegeben! Und du, Aurora, warum verlässest du so geschwind das Lager deines Tithon? Wenn du ihm so lieb wärest wie mir Lucretia, so ließe er dich nicht so früh aufstehen. Niemals ist mir eine Nacht kürzer vorgekommen als diese, obwohl ich bei den Britannen und den Daciern war.» So jubelte Euryalus, und nicht schwächere Worte fand Lucretia. Keinen Kuß, kein Wort ließ sie unerwidert. Sie kitzelte ihn da, sie kitzelte ihn dort, und nach dem Liebesgenuß lagen sie nicht erschöpft da, sondern wie Antäus durch die Berührung mit der Erde nur stärker wurde, so zeigten sie sich nach gelieferter Schlacht desto hitziger und unternehmender. Die Nacht verging, Aurora hob ihre Locken aus dem Ozean, und man mußte scheiden. Und dann verflossen viele Tage, ohne daß sie sich wiedersehen konnten, denn täglich wurde die Überwachung strenger. Aber die Liebe überwand alles und fand endlich eine Möglichkeit, daß sich die Verliebten öfter aneinander erfreuen konnten.

INZWISCHEN HATTE DER Kaiser sich mit dem Papst Eugen ausgesöhnt und den Aufbruch nach Rom angeordnet. Das erfuhr Lucretia, denn was entgeht der Liebe, und wer könnte einen Liebenden betrügen? So schrieb Lucretia folgenden Brief:

«Könnte ich Dir zürnen, so wäre ich böse, daß Du mir Deine Abreise geheimgehalten hast. Aber ich liebe Dich mehr als mich selbst, und es gibt nichts, was mich gegen Dich aufbringen könnte. Ach mein Herz, wie kommt das aber, daß Du mir von der Abreise des Kaisers nichts gesagt hast? Er bereitet seinen Aufbruch vor, und Du wirst nicht hierbleiben, ich weiß es. Mein Gott, was wird mit mir geschehen? Was mach ich Ärmste? Wo find ich Ruhe? Wenn Du mich verlässest, so lebe ich keine zwei Tage mehr. Bei diesem Brief, bei meinen Tränen, bei Deiner Rechten und Deinem Eid, wenn ich mir Dich irgend verpflichtet hab, wenn ich Dir irgend was Liebes erwiesen habe, erbarme Dich meiner unglücklichen Liebe. Ich bitte nicht, daß Du bleibst, sondern daß Du mich mitnimmst. Ich werde vorgeben, daß ich am Abend zur Bethlehemkapelle will, und werde nur eine alte Kammerfrau mitnehmen. Zwei oder drei Deiner Leute mögen dort sein und sich meiner bemächtigen. Das ist nicht schwer, sie entführen eine, die es sich gerne gefallen läßt, und glaube nur nicht, daß es für Dich ungehörig wäre. Denn auch der Sohn des Priamus hatte seine Frau entführt. Und meinem Mann tust Du kein Unrecht, weil er mich auf jeden

Fall verlieren wird. Denn wenn Du mich nicht mitnimmst, so muß ich sterben. Aber Du wirst nicht so hart sein und mich als Todgeweihte hierlassen, die ich Dich immerdar mehr geliebt habe als mich selbst.»

Hierauf antwortete Euryalus das folgende:

ICH HABE ES DIR BISHER, liebe Lucretia, verschwiegen, um Dich nicht früher als nötig zu betrüben. Ich kenne Dich, ich weiß, wie schwer Du alles nimmst. Die Abreise des Kaisers schließt ja nicht aus, daß er wieder zurückkommt. Denn wenn wir Rom verlassen, so führt uns der Weg nach Hause ja über Siena. Sollte der Kaiser einen andern Weg wählen, so darfst Du überzeugt sein, daß Du mich dennoch siehst, wenn ich überhaupt lebe! Und die Götter mögen mir's unmöglich machen, mein Vaterland zu erreichen, wenn ich nicht hierher komme. Also tröste dich und fasse Mut, mein Herz. Quäl Dich nicht selbst, vielmehr sei guter Dinge! Was Du über die Entführung sagst: so wäre es natürlich für mich das Schönste und Herrlichste, und ich kann mir keine größere Freude vorstellen, als Dich immer um mich zu haben und in den Arm zu nehmen, wann ich will. Aber ich muß mehr auf Deine Ehre bedacht sein als darauf, meinem Verlangen nachzugeben; denn die Anhänglichkeit, die Du mir beweist, verpflichtet mich auch dazu, Dich ehrlich und wahrhaft zu Deinem Besten zu beraten. Du bist doch aus sehr vornehmem Geschlecht und hast in eine noble Familie geheiratet. Du hast den Ruf einer ebenso schönen wie sittenstrengen Frau, nicht nur in Italien, sondern auch ganz Deutschland, Ungarn, Böhmen, der ganze Norden weiß von Dir. Wenn ich Dich nun entführe, so wäre es mir natürlich um Deinetwillen ganz gleichgültig, was für ein Licht auf mich fällt; aber welche Schande würdest Du den Deinen machen, welchen Schmerz Deiner Mutter bereiten, wie würde man von Dir sprechen, welches Geklatsch ginge durch die ganze Stadt:

Ist das die Lucretia, die man für reiner hielt als die Gattin des Brutus, für besser als die Penelope? Mit einem Ehebrecher geht sie durch, Haus, Eltern und Vaterland läßt sie im Stich. Das ist doch keine Lucretia, sondern eine Hippia oder eine Medea, die dem Jason nachlief. Himmel, mir wäre das unerträglich, wenn ich über Dich so sprechen hörte! Bis jetzt ist unser Verhältnis geheim geblieben, und alle sind voll Lobes über Dich. Die Entführung brächte alles in Aufruhr, und Du wärst jetzt mehr geschmäht als jemals gelobt. Aber schließlich, lassen wir die Leute reden. Warum sollten wir uns nicht unserer Liebe erfreuen? Nun diene ich aber dem Kaiser. Wenn ich mächtig und reich bin, so verdanke ich es ihm, und ich kann ihn nicht verlassen, ohne alles einzubüßen. Und wenn ich ihn schon verließe, könnte ich Dich nicht standesgemäß erhalten. Wenn ich bei Hofe bleibe, so hab ich keine Ruhe, alle Tage sind wir wo anders. Nie hat der Kaiser sich sonstwo so lange aufhalten können wie jetzt in Siena, und daran waren ja nur die Streitigkeiten schuld. Wenn ich Dich überall mitnähme und wie eine Dirne im Lager hätte – Du siehst ein, wie unmöglich das für uns beide wäre. So beschwöre ich Dich also, liebste Lucretia, gib diesen Gedanken auf und nimm Vernunft an. Überlaß Dich Deiner Leidenschaft nicht mehr, als es für Dich gut ist. Ein anderer Liebhaber würde Dir vielleicht einen anderen Rat geben und hätte Dich vielleicht von selbst um die Flucht gebeten, um Dich, solang es ginge, zu genießen, und ohne an die Zukunft zu denken – wenn nur die momentane Aufwallung befriedigt würde. Aber dieser Liebhaber, der bloß sein Verlangen und nicht Ruf und Ehre im Auge behielte, wäre unaufrichtig. Ich, liebste Lucretia, rate Dir zum einzig Richtigen. Ich bitte Dich also, bleib hier, und zweifle nicht daran, daß ich wiederkomme. Ich werde dafür Sorge tragen, daß alle toskanischen Angelegenheiten des Kaisers mir übertragen werden, und werde mir Mühe geben, mich an Dir zu erfreuen, ohne daß Dir daraus ein Nachteil erwächst. Lebe nun wohl, und liebe mich; glaube nicht, daß mein Feuer kleiner lodere als das Deine, und daß ich nicht höchst ungern von hier scheide. Nochmals lebe wohl, mein Süßes, Du Nahrung meiner Seele.»

DARAUFHIN WURDE LUcretia ruhiger und schrieb zurück, sie füge sich. Einige Tage später reiste Euryalus mit dem Kaiser nach Rom und war gar nicht lange dort, als er schon vom Fieber ergriffen wurde. Hatte der Unglückliche schon vor Liebe gebrannt, so begann nun auch noch das Feuer des Fiebers in ihm zu rasen. Und hatte schon die Liebe viele seiner Kräfte aufgebraucht, so verzehrten die Schmerzen der Krankheit das übrige, und nur den größten Anstrengungen der Ärzte gelang es, ihn am Leben zu erhalten. Der Kaiser besuchte ihn täglich, tröstete ihn wie einen Sohn und gab den Auftrag, alle Heilmittel des Apollo anzuwenden. Am meisten aber trug zur Genesung ein Brief der Lucretia bei, aus dem er ersah, daß sie lebe und gesund sei. Die Freude hierüber vertrieb das Fieber und ermöglichte es ihm aufzustehen, der Krönung des Kaisers konnte er bereits beiwohnen und erhielt hierbei den Ritterschlag und den goldenen Sporn. Als der Kaiser dann nach Perugia ging, blieb er in Rom, da er doch noch nicht völlig wiederhergestellt war. Dann reiste er nach Siena, obwohl er noch schwach war und auch schlecht aussah. Und Lucretia konnte er nur sehen, nicht sprechen. Sie schickten einander Briefe und berieten wieder über die Flucht. Euryalus blieb drei Tage. Dann aber, als jede Aussicht geschwunden war, benachrichtigte er die Geliebte, daß er abreisen müßte. Nie war ihr Beisammensein so süß gewesen, wie jetzt das Scheiden schmerzlich war. Lucretia stand im Fenster, Euryalus ritt unten vorbei, ihre Blicke hingen aneinander. Beide weinten. Und beiden war es in ihrem Schmerz, als würde ihnen das Herz aus dem Leibe gerissen. Wenn jemand nicht weiß, was Abschied beim Sterben bedeutet, der sehe sich die Trennung zweier Liebender an, und hierbei ist das Leid noch unvergleichlich größer. Denn im Tode leidet die Seele darunter, daß sie den geliebten Leib verlassen muß; ist die Seele entflohen, so empfindet der Körper nichts mehr. Wenn aber die Liebe zwei Seelen aneinandergekettet hat, so ist die Trennung um so martervoller, je tiefer die Neigung gegangen ist. Und dies waren ja wirklich nicht mehr zwei Seelen, sondern es war, wie Aristophanes es von Freunden sagt, eine Seele in zwei Körpern. Und so trennten sich ja nicht zwei Seelen voneinander, sondern eine wurde in zwei zerrissen! Und wenn ein Herz geteilt wird, so geht ein Teil des Geistes hin, der andere bleibt; und alle Sinne reißen entzwei und weinen, daß sie von sich selbst scheiden müssen. Die Gesichter der beiden Liebenden waren vollkommen blutlos; wären nicht ihre Tränen und ihre Seufzer gewesen, so hätte man sie für Leichen halten müssen. Wer kann die Verstörung ihrer Gemüter beschreiben, wer

. . . sie trug seither nur mehr ganz schlichte Kleider, niemals mehr hörte man sie singen, niemand sah sie mehr lachen.

Und als er gar von dem Tod seiner Geliebten gehört hatte, da kannte sein Schmerz keine Grenzen.

davon erzählen, wer sie nur ausdenken – das muß man selber durchgemacht haben. Laodamia stürzte, als Protesilaos zum heiligen Krieg um Ilium aufbrach, ohnmächtig zusammen, und als sie vom Tod ihres Gatten erfuhr, konnte sie nicht weiterleben. Die Phönizierin Dido tötete sich nach der traurigen Flucht des Aeneas selbst, und auch Portia wollte den Tod des Brutus nicht überleben. Unsere Heldin nun brach, sowie sie Euryalus aus dem Gesicht verloren hatte, zusammen; Dienerinnen hoben sie auf und legten sie aufs Bett, bis sie sich erholt hätte. Als sie aber wieder zu sich kam, da räumte sie die goldenen und purpurnen Gewänder und allen Schmuck der Fröhlichkeit für immer weg; sie trug seither nur mehr ganz schlichte Kleider, niemals mehr hörte man sie singen, niemand sah sie mehr lachen; kein Scherz und keine Lustbarkeit konnten sie mehr zu Frohsinn zurückrufen. Als dieser Zustand einige Zeit gedauert hatte, erkrankte sie, und weil ihr Herz nicht mehr da war und ihr Gemüt jedem

Trostgrund unzugänglich blieb, hauchte sie in den Armen der schluchzenden Mutter, im Beisein der Ihren, die ihr unter Tränen, aber vergeblich zusprachen, ihre trostlose Seele aus. Und als Euryalus den Augen, die ihn nie wieder schauen sollten, entschwunden war, sprach er kein Wort zu seiner Umgebung; nur Lucretia lag ihm im Sinn, er erwog unablässig seine Rückkehr und kam endlich zu dem Kaiser, der noch in Perugia war, nachher folgte er ihm nach Ferrara, Mantua, Trient, Konstanz und Basel und schließlich nach Ungarn und Böhmen. Aber wie er selbst dem Kaiser, so folgte ihm Lucretia überallhin nach und ließ ihn nicht Schlaf noch Ruhe finden. Und als er gar von dem Tod seiner Geliebten gehört hatte, da kannte sein Schmerz keine Grenzen; er ging in Trauerkleidern und fand nicht früher Trost, als bis ihm der Kaiser ein schönes, reines und wohlerzogenes Mädchen aus herzoglichem Geblüt zur Frau gegeben hatte.

SO ENDET DIESE WAHRE Geschichte von einer unglücklichen Liebe. Ihre Leser mögen eine Lehre, die ihnen frommt, daraus nehmen und nicht aus dem Becher der Liebe zu trinken verlangen, der weitaus mehr Aloe enthält als Honig.

Zwei Briefe des Enea Silvio Piccolomini (1405–1464) über seine Novelle «De Eurialo et Lucretia»

An Kaspar Schlick

(Wien, ca. 3. Juli 1444)
Begleitschreiben bei Übersendung der Novelle von Euryalus und Lucretia

Den hohen und edlen Herrn, Ritter Kaspar Schlick, Herrn von Neuschloß, kaiserlichen Kanzler, Burggrafen von Eger und Elbogen, seinen verehrten Herrn, grüßt Enea Silvio, Dichter und kaiserlicher Sekretär, herzlich.

Mein Landsmann Mariano Sozzini aus Siena, ein Mann von Gaben und Gelehrsamkeit, wie ich bisher keinem ähnlichen begegnet bin, hat mich dieser Tage dazu vermocht, seinen Wunsch endlich zu erfüllen und ihm die Geschichte zweier Liebender niederzuschreiben, wobei er es mir überlassen hat, eine wahre Begebenheit zu erzählen oder etwas zu erfinden. Du kennst den Mann. Aber Du wirst Dich wundern, wenn ich ihn beschreibe. Nichts hat ihm die Natur versagt außer einer guten Figur. Er ist ein kleiner Mann, er könnte aus meiner Familie stammen, die ja den Namen der Piccolomini führt. Aber er ist beredt und hat Erfahrung in Rechtsgeschäften, kennt die Geschichte, übt die Dichtkunst aus sowohl in lateinischer wie in italienischer Sprache; sein philosophisches Wissen gleicht dem Platos, seine Kenntnisse in der Geometrie stellen ihn dem Boëthius, in der Arithmetik dem Macrobius an die Seite. Er beherrscht jedes Musikinstrument, versteht sich auf die Landwirtschaft wie Virgil, keine bürgerliche Tätigkeit ist ihm fremd geblieben. Als sein Körper noch von Jugendkräften geschwellt war, war er ein zweiter Entellus, ein Meister im Ringen, und im Wettlauf oder im Springen oder im Faustkampf war er einfach nicht zu überwinden. Und bisweilen ist an einem kleinen Körper ein Ding, das mehr wert ist als Perlen und Edelsteine. So hätte man von ihm sagen können, was Statius von Tydeus schreibt: Größere Trefflichkeit beherrschte den dürftigen Körper. Hätten die Götter diesem Menschen eine vollendete Gestalt und Unsterblichkeit geschenkt, er wäre selber ein Gott. Freilich, keinem Sterblichen ist alles gegönnt. Gleichwohl hab ich niemals einen kennengelernt, dem weniger mangelte als ihm. Ja, sogar das Geringfügigste hat er zu lernen getrachtet. Er malt wie ein zweiter Apelles. Nichts ist so fehlerfrei und so angenehm zu lesen wie die von ihm geschriebenen Bücher. Er ist ein Bildhauer wie Praxiteles und hat auch medizinische Kenntnisse. Dazu sittliche Vorzüge, nach welchen eben die anderen Fähigkeiten orientiert sind. Ich habe in meinem Leben viele Gelehrte kennengelernt, die in allen Wissensgebieten zu Hause waren, aber vom täglichen Leben keine Ahnung hatten und sich weder im Staat noch im eigenen Hauswesen auskannten. Als der Verwalter einem solchen Narren berichtete, seine Sau hätte ihm elf Ferkel, seine Eselin dagegen nur ein Füllen geworfen, da war er außer sich und beschuldigte ihn des Diebstahls. Der Mailänder Gomizzi glaubte sich schwanger und fürchtete sich vor der Niederkunft, weil seine Frau auf ihm gelegen war. Und dennoch galten diese Leute als die bedeutendsten Rechtsgelehrten. Bei anderen wieder findet man Hochmut oder Geiz, er aber ist freigebig, sein Haus ist immer voll vornehmer Gäste. Keinem ist er Feind, er schützt seine Mündel, tröstet die Kranken, unterstützt die Armen, steht den Witwen bei und weist keinen Bedürftigen ab. Sein Angesicht ist wie das des Sokrates immer das gleiche. Im Unglück ist er ein ganzer Mann. Kein Glück macht ihn hochmütig, und alle feinen Schliche kennt er wohl – nicht um sich ihrer zu bedienen, sondern um ihnen auszuweichen. Keinem ist er verhaßt, und nie ist er einem lästig gefallen.

Wieso aber ein Mann von derartigen Vorzügen eine solche Nichtigkeit von mir erbitten kann, das ist mir rätselhaft. Ich weiß nur, daß ich ihm nichts abschlagen darf. Denn solange ich in Siena war, hab ich ihn geliebt wie niemand andern, und durch die Trennung hat meine Liebe nichts verloren. Und hat ihn die Natur schon mit all ihren Gaben reichlich gesegnet, so hat er am meisten Glück darin, daß man ihm zuliebe einfach alles tun muß. So glaubte ich denn seine Bitte nicht abweisen zu dürfen. Ich hab also die Geschichte zweier Liebender ge-

schrieben, aber erfunden ist sie nicht. Die Sache hat sich in Siena zugetragen, als der Kaiser Sigismund dort weilte; auch Du warst dort, und wenn ich recht unterrichtet bin, so warst Du verliebt. Es ist eben eine Stadt der Venus. Die Dich gekannt haben, sagen, Du seist hell in Flammen gestanden, niemand sei hitziger gewesen als Du und es habe keine Liebesaffäre gegeben, in die nicht Du verwikkelt warst. Darum bitte ich Dich, diese Geschichte zu lesen und zu prüfen, ob ich die Wahrheit geschrieben, auch darfst Du Dich der Erinnerung nicht schämen, wenn Dir einmal etwas Ähnliches passiert ist. Du warst ein Mensch; wer nie der Liebe Glut gefühlt hat, ist ein Stein oder ein Tier, und man weiß, daß der glühende Funke auch durch der Götter Mark gezuckt ist. Lebe wohl.

An Mariano Sozzini

(Wien, 3. Juli 1444)
Übersendet ihm die Novelle von
Euryalus und Lucretia

Enea Silvio. Dichter und kaiserlicher Sekretär, grüßt herzlich den Lehrer beider Rechte, seinen Freund Mariano Sozzini. Du verlangst etwas von mir, was meinem Alter nicht gemäß ist und sich auch für das Deine nicht schickt. Denn gehört es sich, daß ich, bald ein Vierzigjähriger, eine Liebesgeschichte erzähle, und Du mit fünfzig Jahren eine hören willst? Das ist doch eine Sache für zarte Herzen und junge Sinne, und alte Leute verstehen sich auf Liebesgeschichten höchstens so gut wie junge auf Weisheitslehren. Und vielleicht ist niemand so widerwärtig wie ein Greis, der ohne jegliche Kraft noch lieben will. Man findet schon solche, die noch lieben möchten, aber gewiß keinen, der auch wirklich geliebt wird. Frauen und Mädchen danken dafür und werden einen, den sie nicht im Vollbesitz seiner Kräfte sehen, nicht lieben wollen. Wenn Du über diesen Punkt anders berichtet bist, so macht man Dir nur etwas weis.

Ich also finde, daß es für mich, der ich den Mittag meines Lebens überschritten habe und gegen Abend wandle, nicht schicklich ist, ein verliebtes Werkchen zu verfassen; aber nicht mehr, als es für Dich unschicklich ist, mich darum zu bitten. Ich muß Dir ja willfahren; sieh zu, was Du da verlangst. Du bist um so viel älter als ich; um so mehr muß ich freundschaftlichen Pflichten nachkommen; wenn Du nicht fürchtest, diese durch deinen Wunsch zu verletzen, so kann ich's auch nicht, wenn ich Dein Verlangen erfülle. So oft hast Du Dich schon gegen mich gefällig gezeigt, daß ich Dir nichts abschlagen kann, und wenn es damit auch nicht aufs beste stünde. Und schließlich hast

Du Deine Bitte schon so oft wiederholt, daß ich mich nicht länger sträuben will.

Allerdings werde ich Deinem Geheiß, etwas zu erfinden, zu erdichten, nicht nachkommen, da ich in der Lage bin, eine wahre Geschichte zu erzählen. Wer wäre auch so unsinnig, zu lügen, während er sich an die bloße Wahrheit halten kann. Du hast viel geliebt, Du glühst noch immer und wünschest, daß ich Dir die Geschichte eines Liebespaars vorsetze. Die Wollust ist's, die Dich nicht altern läßt! Ich gehorche, ich will in dieser Asche einen Funken aufkitzeln. Aber zu erfinden brauche ich nicht, wo es Überfluß der Wahrheit gibt. Was kommt denn öfter in der Welt vor als Liebesgeschichten, aus welchem Land, aus welchem Städtchen, aus welcher Familie ließe sich nicht eine erzählen? Und wer wäre dreißig Jahre alt geworden, ohne auf diesem Gebiet gesündigt zu haben? Ich urteile nach mir, der um Liebe tausendmal ins Gedränge geriet, und danke den Göttern, daß ich immer heil davongekommen bin, glücklicher als Mars, den Vulkanus in einem stählernen Netze fing, als er bei der Venus lag, und dem Gelächter der andern Götter preisgab. Ich werde freilich keine eigene Liebesaffäre erzählen, um nicht selbst am Ende in der Asche noch einen Funken zu finden und ein erloschenes Feuer noch einmal anzufachen, vielmehr berichte ich von einer merkwürdigen und kaum glaublichen Liebe, die sich nicht in alter, verschollener Zeit zugetragen hat, sondern in der Gegenwart, nicht in Troja oder Babylon spielt, sondern in unserer Vaterstadt, wennschon das eine von den Liebenden unter nordischem Himmel geboren war. Vielleicht kann man dann um so eher eine Lehre daraus ziehen. Denn wenn die Heldin nach dem Verlust des Geliebten schwermütig wird und bald dem Tode anheimfällt, er aber hernach niemals wieder recht glücklich werden kann, so wird das hoffentlich eine Warnung für die Jugend sein, solche Narrenstreiche zu lassen. Die jungen Mädchen also mögen zuhören und gewarnt sein, sich durch Liebe nicht zugrunde richten zu lassen, und die Jünglinge mögen die Lehre daraus ziehen, daß der Dienst der Liebe mehr Verdruß als Genuß bietet, mögen alle Leichtfertigkeit lassen und sich der Tugend befleißen, in deren Besitz allein sie glücklich werden. Und wer es noch nicht weiß, wieviel Ungemach aus der Liebe entstehen kann, der mag es hier nachlesen.

Dir sende ich meine besten Grüße: sei der Geschichte, die Du mir abnötigst, ein aufmerksamer Zuhörer.

ARTEMIS – BIBLIOTHEK

1

Daphnis und Chloe

Ein Hirtenroman von Longos

2

Giovanni Boccaccio

Das Faß der Peronella und andere schlimme Geschichten

3

Die weisse Katze

Klassische französische Märchen

4

Matthias Claudius

Gespräch mit den Gestirnen · Gedichte und Betrachtungen

5

Charles Dickens

Eine Christnachts – Geistergeschichte

6

Leo Tolstoi

Wieviel Erde braucht der Mensch · Erzählungen

7

Beim Barte des Propheten

Arabische Sprüche und Geschichten

8

Der Vogel vom goldenen Land

Irische Märchen

9

E. T. A. Hoffmann

Nußknacker und Mausekönig

10

Robert Louis Stevenson

Der seltsame Fall des Dr. Jekyll und Mr. Hyde

11

Weihnachtsgeschichten aus Russland

Erzählungen von Gogol, Dostojewskij, Leskow und Tschechow

12

Alphonse Daudet

Das Maultier des Papstes und andere Erzählungen aus der Provence

13

Marie v. Ebner-Eschenbach

Komtesse Muschi/Die Freiherren von Gemperlein

14

Eine Liebesgeschichte

Von Enea Silvio Piccolomini, nachmaligem Papst Pius II.

Die Reihe wird fortgesetzt